KB016441

송 왕형공 이체시초

宋王荆公二體詩鈔

송 왕형공 이체시초

宋王荊公二體詩鈔

허균전집 6

천금매 · 노요한 옮김

보고사
BOGOSA

自詭輶馬躁班者人誰信之余持論若此故暇日銓
擇王詩七律之佳者釐為四編以見良工獨苦而清
和均稱足以為我用又棟七絶之警者為二編付于
末并之曰荊公二體詩鈔時觀之以破窮愁世之欲
工七律者盡匠于兹甞萬曆丁巳仲冬許筠題

서문 마지막 줄에 "만력 정사년(1617) 2월에 허균이 쓰다"라고 썼으니,
세상을 떠나기 1년 전에 마지막으로 편찬한 책이다.

沒柳陰黃鳥轉還飛徑無几草惟生竹盤有嘉蔬不

采薇勝事閬州雖或有終非吾土豈如歸

又叚氏園亭

欹眠随水轉東垣一點炊烟映水昏漫々笑藥難覓

路偹々楊柳獨知門青山呈露新如染白鳥嬉游静

不煩朱雀航邊今有此可能搖蕩武陵源

回桃

紫荆散策静源颾隱几扁舟白下潮紫磨月輪卅霽

오른쪽 페이지 2행에 '양천 허균 단보씨(端甫氏) 선(選)'이라고 편찬자를 밝혔다.

宋王荆公二體詩鈔卷之

明陽川許筠端甫氏選

歲晚懷古

先生歲晚事田園嘗叟遺書廢討論問訊桑麻憐已
長按行松菊喜猶存農人調笑追尋蟄稚子歡呼出
候門遙謝載醪祛感者吾今欲辯已忘言

叚約之園亭

愛公池館得忘機初日留連至落暉羨暖紫鱗跳復

三

'송왕형공이체시초 권지일'이라는 제목 위에 '자손영보(子孫永寶)',
아래에 '진산(晉山), 유매(柳楳), 군실(君實)'이라는 인장이 차례로 찍혀 있다.

樂更覺荒陂人馬勞容路光陰真棄置春風邊塞征

蕭騷辛夷樹下烏塘尾把手何時浔汝曹

將次相州

青山如浪入漳州銅雀臺西八九丘螻蟻往還空壟

猷騏驎埋沒幾春秋功名蓋世知誰是氣力回天到

此住何必地中餘故物魏公諸子分衣裘

次韻平甫喜唐公自契丹歸

留犂澆酒浔我心繡袷通歡歲月深奉使由来須陸

청색과 적색으로 비점을 찍으며 열심히 읽었다.

宋王荆公二體詩鈔卷之二　明陽川許筠端甫氏選

次韻祖擇之登紫微閣

挾門相對散銅鐶轆ㄥ飛甍在兩間潤色平生知地
禁登臨此日愧身閑浮雲倒影移窓隙落木面颻動
屋山忽憶初来秋尚早紫微花點綠苔斑

永濟道中寄諸舅氏

燈火忽ㄥ出館陶田着永濟日初高似閒空舍烏鳥

권2 제목 위에는 성균관대학교도서관장서인, 아래에는 '소당과목(小棠過目)'이라는 인장이 찍혀 있다. 소당은 추사 김정희의 제자인 김석준의 호이다.

去壞簷無幀燕歸未寐寒誰共樽前酒牢落空留案

上杯我憶故鄉誠不淺可憐鵾鵾重相催

　　長干寺

梵館清閒側布金小塘曲曲翠文深柳條〻不動千絲

直荷葉相依萬蓋陰漠〻岑雲相上下翻〻沙鳥自

浮沉羈人樂此忘歸思忍向西風學越吟

　　落星寺在南康軍江中

岑雲臺殿起崔嵬萬里長江一酒杯坐見山川呑日

성균관대학교 존경각의 승인을 받아 번역하고 사진을 공개한다.

次韻耿天隲大風

雲埋月鋏暈寒灰　颶發齊如巨象虺　縱勇萬川冰柱

立紛披千障土囊開　魯門未怪爰屋至　鄭圃何妨禦

冠未終夜不眠誰　興共坐忘惟有一顏回

法喜寺

門前白道自紫田　門下青莎間綠苔　雜樹繞花鸎引

권4 제목 아래에 '청천후인(菁川后人)', '청천세가(菁川世家)', '유매(柳楳)'의 인장이 찍혀 있다.
청천은 진주의 옛 지명으로, 유매의 관향이다.

머리말

　『송왕형공이체시초(宋王荊公二體詩鈔)』는 교산(蛟山) 허균(許筠, 1569~1618)이 1617년 11월 세상을 떠나기 한 해 전에 왕안석(王安石, 1021~1086)의 칠언율시와 칠언절구를 뽑아 엮은 선집이다. 왕안석은 송대의 개혁적 정치가이자 당송팔대가의 한 사람으로 우리에게 잘 알려져 있는 인물로, 송나라 철종 때 형국공(荊國公)에 봉해지고 사후에 '문(文)'의 시호가 내려져 왕형공(王荊公) 혹은 왕문공(王文公)이라고도 불린다.

　왕안석은 송나라 신종(神宗) 때 재상이 되어 신법의 개혁적 정책을 단행하였지만　사마광(司馬光)·문언박(文彦博)·정이(程頤)·소식(蘇軾) 등 구법당의 강한 비판에 부딪혔다. 1074년 하북에 대기근이 일어나 지방으로 좌천되었다가 이듬해 복직되었다. 하지만 아들 왕방(王雱)의 죽음과 노쇠를 이유로 재상직을 사직하여, 그 이듬해인 1077년 치사(致仕)하고 은거하였다. 신종이 죽은 이듬해인 1086년에 사망하였다. 신종이 죽고 어린 철종을 선인태후가 수렴청정하면서 사마광이 재상이 되자, 왕안석의 신법 역시 폐지되었다.

　조선에서의 왕안석에 대한 인식은 별로 좋지 않아, 세종대 전반에는 개혁에 실패한 개혁론자로 인식되다가 세종대 후반에는 군자를 몰아내 망국의 화를 부른 간신으로 점차 변화되어 갔다.

　『세종실록』에는 세종 즉위년(1418) 11월 7일『대학연의』를 강하던 세종이 송조명신(宋朝名臣)의 사적을 묻자 변계량이 "온인(溫仁)하고 근후(謹厚)함은 사마온공(司馬溫公)이 제일이고, 왕안석은 선유(先儒)가 소인

(小人)이라고 하였으나, 그 문장 · 정사(政事)와 마음 씀을 보건대 모두
보통 사람이 미칠 수 없으니, 전적으로 소인이라고 지목할 수는 없는
듯합니다."라고 대답하였다는 기사가 전한다. 세종은 "안석(安石)은 소
인으로서 재주 있는 사람이다."라고 대답하였다. 변계량이 말한 선유
란 곧 진덕수(陳德秀)를 가리킨다. 이후 왕안석은 성리학 정통론의 입장
에서 사마광과 대척점에 있는 인물로서 줄곧 긍정적 평가를 받지 못하
다가, 성종 즉위 후 생육신 계통의 사림세력이 조정의 중심에 등장하
면서 간신의 대명사로 완전히 굳어지게 된다.

　　그런데 이러한 왕안석의 시를 애호한 조선 전기의 두 인물이 있었
다. 바로 당대에 특출한 문학적 · 예술적 미감을 지녔던 안평대군(安平
大君) 이용(李瑢, 1418~1453)과 교산 허균이다.

　　안평대군 이용은 1446년 왕안석의 시를 선하고 주해를 붙여 『비해당
선반산정화(匪懈堂選半山精華)』로 엮고 목판으로 간행했다. 권말에 왕
안석의 시를 비평하는 말을 추기하면서, "천하에 폐기될 사람은 있어
도 폐기될 말은 없다"라고 한 엄우(嚴羽)의 말을 인용하여, 인물 평가를
잣대로 그 사람의 시를 평가해서는 안 된다고 하였다. 그리고는 뒷날
왕안석의 시를 보는 이들이 그 시의 언어에 의거해서 그 시의 뜻을
알 수 있다면 자신과 더불어 시를 말할 만하다고 하였다. 안평대군은
스스로 부친 서문에서 "왕형공의 시만이 청담(淸淡)하면서 화묘(華妙)하
고 고아(高雅)하면서 느긋하다. 그 작품은 도연명을 조(祖)로 삼고 사령
운을 종(宗)로 삼으며, 두보를 체(體)로 삼고 이백을 용(用)으로 삼아 속
대(屬對)의 정교함과 용운(用韻)의 공력이 실로 옛 시를 본받아서 조금
도 차이가 없다. 이른바 문채(文彩)를 벗겨 내어 그 오묘함을 알면서도
어째서 오묘한지는 모르는 것이니, 송시가 아니라 송시이면서 당풍이
다."라고 왕안석의 시를 고평하였다.

허균은『송왕형공이체시초』를 편찬하기에 앞서 왕안석, 소식, 황정견, 진사도, 진여의 등 송대 시인 5인의 소편(小篇)과 근체시 중 가작을 뽑아『송오가시초(宋五家詩鈔)』를 엮은 일이 있다. 그 서문에서 허균은 고시(古詩)를 두고 왜 송시(宋詩)를 하느냐는 혹자의 질문을 가설하고는 다음과 같이 자답하였다.

> 고시는 경이(瓊彝)·옥찬(玉瓚)과 같아서 저 낭묘(廊廟)에나 베풀 수 있을 뿐, 이사(里社)의 잔치 모임에 쓰자면 토궤(土簋)·자준(瓷尊)의 편리함만 못하오. 내가 송시를 버리지 않는 것도 이와 같소. 나는 세무(世務)에 응수하였을 뿐이니 어찌 시도(詩道)를 상할 수 있겠소. 하물며 왕안석의 정핵(精核)함과 소식의 능려(凌厲)함과 황정견의 연굴(淵倔)함과 진사도의 침착하고 간명함과 진여의의 부드럽고 밝음은 당인(唐人)의 열에 놓아도 명가일 수 있는데, 어찌 송인(宋人)이라 하여 전부 버릴 것인가.

허균이 이처럼 송시를 옹호하고『송오가시초』와『송왕형공이체시초』와 같은 송시의 선집을 편찬한 것은 왕세정이 만년에 소식의 문장을 즐겨 읽은 사실과 모곤이 구양수를 한유보다 높게 평가한 것과도 깊은 관련이 있었다. 허균은「구소문략발(歐蘇文略跋)」에서 "왕세정이 만년에 소식의 글을 즐겨 읽었고, 모곤은 평생 구양수를 한유보다 뛰어나다고 추앙하였는데, 이들 두 사람은 남을 속이는 인물이 아니다."라고 하며, 음식에 대궐의 산해진미 외에도 평소 먹는 것들이 있듯이, 비록 격은 낮지만 송대의 문장 역시 함께 섭취해 배울 필요가 있음을 피력한 바 있다.

허균은『송오가시초』에서 선한 다섯 시인 중에서도 왕안석의 시를 특히 고평하였다. 곧『송왕형공이체시초』의 서문에서 송시는 단지 소동파, 황정견, 진사도, 진여의를 일컫는데, 소동파는 종횡무진하지만 비리하고 황정견은 높지만 막혀있고, 진사도는 침착하지만 어둡고, 진여의는 완미하지만 유약하다고 평가하고는 오직 왕안석의 시만이 순수하고도 잡박한 것 사이에 있다고 하였다. 또한 왕안석의 시가 굳건하고 적료하여 진부한 말을 완전히 걷어내고 엄밀하고 간결하여 앞사람에게 없는 특징을 가진다고 고평하고, 송대의 시가 성당의 시에 비해 못하지만 칠언율시를 짓는 사람이 송대의 시로 당대의 부미(浮靡)를 구제한다면 왕안석의 시가 그 모범이 될 것이라고 하였다.

『송왕형공이체시초』는 이처럼 조선 전기 왕안석의 시 수용과 함께 허균의 시관(詩觀)을 보여주는 자료로서 중요한 가치를 지닌다. 젊을 때에 당시를 가장 높게 평가했던 그가 나이가 들어가면서 송나라 시를 읽고, 그것도 개혁파 왕안석의 시를 뽑아 책으로 엮었다는 것은 굴곡이 많았던 그의 인생역정을 되돌아보게 한다.

『송왕형공이체시초』는 성균관대학교 동아시아학술원 존경각에 유일본으로 전해졌다. 중국 남통대학의 천금매 교수가 2021년 여름에 연구년을 얻어 1년 동안 성균관대학을 방문하는 동안 이 책을 읽고 번역 허락을 받아 원문을 표점 입력하였으며, 노요한 연구교수가 권1, 권2를, 천금매 교수가 나머지를 번역하였다. 20년 전에 이 책을 처음 찾아내고 해제를 써서 학계에 소개했던 부유섭 선생님께 감사드린다. 이번에 새로 고쳐주신 해제가 이 책의 가치를 더욱 돋보이게 하였다. 이 번역이 조선시대 왕안석 시의 향유 방식을 연구하고 허균의 생애를 이해하는데 조그마한 보탬이 되기를 바란다.

2022년 12월 12일

천금매, 노요한

차례

송 왕형공 이체시초宋王荊公二體詩鈔 권1

송 왕형공 이체시초宋王荊公二體詩鈔 권3

적양공과 도연명은 모두 팽택령을 했었는데 지금까지 사당이 있다. 도경순
이 시를 지어 보여주니 이어서 한 수를 짓다 狄梁公陶淵明俱爲彭澤令至今

송 왕형공 이체시초宋王荊公二體詩鈔 권4

송 왕형공 이체시초宋王荊公二體詩鈔 권5

송 왕형공 이체시초宋王荊公二體詩鈔 권6

허균이 뽑은 왕안석의 칠언율시와 칠언절구[1]
『형공이체시초(荊公二體詩鈔)』

『형공이체시초(荊公二體詩鈔)』

허균은 1617년 11월에 왕안석(王安石, 1021~1086)의 칠언율시(권1~4)와 칠언절구(권5~6)를 뽑아 선집을 만들었다. 죽기 한 해 전의 일이다. 자신의 문집(1611)을 엮으면서도 그러했지만, '여장(汝章, 권필(1569~1612)의 자)이 죽은 후로는 하늘에 시를 짓지 않겠다고 맹세했다[自汝章死後, 誓天不作詩][2]고 한 것을 보면, 한동안은 시작은 중단한 듯 하다. 그러나 『을병조천록(乙丙朝天錄)』을 포함하여 어떤 형태로는 글은 지었기에 지금 그가 남긴 책을 열어 볼 수 있는 것이다.

이 책은 성균관대학교 동아시아학술원 존경각 소장으로 책갑에 6권

---

1   이 글은 부유섭(2004), 『문헌과 해석』 28호, 문헌과해석사에 실린 「허균이 뽑은 중국시 (2)-『형공이체시초(荊公二體詩鈔)』」를 일부 수정한 해제이다.

2   오세창, 『槿墨』에 실린 간찰로 금산 군수에게 보낸 편지의 일부이다. 허경진, 『허균평전』 돌베개, 2002, 도판에는 1613년에 금산 군수를 하고 있는 이안눌(1571~1637)에게 보낸 편지가 실려 있다. 이안눌에게 보낸 편지에는 절필 이후 다시 시작 활동을 하는 정황이 그려져 있다.

<사진 1> 허균이 쓴 서문

宋詩只捧蘓黃而陳而眉山縱其失俚猥章矯其失
碎無己沈其失晦去非姱其失弱要在純駁間己惟
荊公之詩勁悍沈鷔絶去陳言而嚴縝簡功前無古
人特以宋調稍慨盛唐為七律者欲以宋救唐之浮
靡則捨荊公誰
仙生花此時則又安能遶過之子文章乘運漸降如
中亦無慚色豈蘇陳以下所可擬倫歟向使江寧論
水之就下唐不能為漢宋不能為唐世有鼓噪而出

自記輶馬跡班者人誰信之余持論若此故暇日銓
擇王詩七律之佳者登為四編以見良工獨苦而清
和均稱之以我用又揀七絶之警者為二編付于
末弁之曰荊公二體詩鈔時觀之以破窮愁世之欲
工七律者盡匠于兹昔萬曆丁巳仲冬許筠題

6첩(D03C~0096), 각 권 1첩으로 성책되어 있다. 책갑의 앞면에는 '석봉선생유묵(石峯先生遺墨) 일주첨(一洲簽)'(印: '金氏' '振宇'), 1~6첩 표제에 '한석봉서(韓石峯書)', 그 아래에는 각 첩마다 해당 책차(冊次)가 쓰여 있다. 모두 절첩 형식으로 되어 있으나 개장(改裝)의 흔적이 여실하다. 1첩 첫 면에는 월사(月沙) 이정구(李廷龜, 1564~1635)가 지은 한호(韓濩, 1543~1605)의 묘갈명과 관련 기록을 옮겨 적은 것으로 한호의 약전(略傳)이다.[3] 2면에는 허균의 약전이 있다. 『조선인물호보』(이현구 편)의 〈허균〉조와

---

3 '韓濩, 字景洪, 號石峯, 彦恭子. [隔] 宣祖/朝進士, 官止護軍, 居三和, 筆法名世, /流入中國, 王弇州筆談, 曰如怒猊決石, /渴驥奔泉, 且能詩, [한칸내림] 正郎韓寬孫, 生於松都, 始生日者, 占之, /曰玉兒出東, 高洛陽之紙價, 是兒必善/書名, 少長, 能自隷書, 夢王右軍授/所書者再'

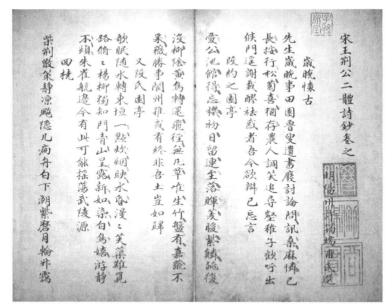

〈사진 2〉 권수제 부분

약간의 글자 출입이 있을 뿐 동일하다. 한칸 내려쓴 부분은 오세창의
『근역서화징』에 실려있는 내용이다.[4] 이 기록은 개장자가 자신이 했거나
혹은 타인의 손을 빌어 기록한 것으로 보인다. 더군다나 본문의 글씨는
한호의 묵적(墨跡)과는 거리가 먼데도 임의로 판단하여 묵서한 것이다.
다음 면은 허균이 찬한 서문으로 4면에 걸쳐 실려 있다(〈사진 1〉).

다음 면에는 서문의 서체와는 달리 쓰여 있으며, 첫 행 상단에 권수
제 '송왕형공이체시초(宋王荊公二體詩鈔)'와 권차 '권시일(卷之一)' 쓰여
있다. 2행 하단에는 '명양천허단보씨선(明陽川許端甫氏選)'이란 선시자

---

4 '許筠, 字端甫, 號荷谷弟, [隔] 宣祖/朝科魁重試, 歷翰林三司, 官止吏判, /爲爾瞻黨, 而
性狡黠, 挾才長謀, 逆伏/誅, 文章勝於諸兄, 多有奇絶, 有看竹集, /行于世, 而又有尺牘
/[한칸내림]草堂許曄子, 又善畵折枝'

(選詩者)가 쓰여 있다. 권수제 상단에 '자손영보(子孫永寶)'와 하단에는
'진산(晉山)', '유매(柳楳)', '군실(君實)'이라는 인기가 보인다(〈사진 2〉).
   이는 유매(柳楳, 1683~1733, 자 君實, 호 椒園)의 장서인이다. 유매는 진
주(晉州) 유씨가(柳氏家) 인물로 유명현(柳命賢, 1643~1703, 자 사희(士希),
호 정재(靜齋), 『정재집(靜齋集)』이 있음)의 아들로 태어났으나 대종손
가인 유명천(柳命天, 1633~1705, 자 사원(士元), 호 청헌(菁軒), 퇴당(退堂),
『退堂集』이 있음)의 아들로 입계한 인물이다. 이 집안은 탁남(濁南)의
3대 가문 목민류(睦閔柳)의 하나로 전성기를 이루었으나 갑술환국(1694)
과 장희재 역모 사건(1701)으로 가문의 성세가 침체되었으며, 1728년
친가 동생 유래(柳徠, 1687~1728)가 무신난(戊申亂)에 연루되어 장살당하
면서 가문 몰락이 가속화되었다. 이러한 가문 사정 때문인지 그의 사
적은 소략한 가전이 전할 뿐 찾아지지 않는다.[5] 본래 유명천, 유명현
양가는 이름난 장서가 집안으로 알려져 있다. 인기로 확인하건대, 가
장 이른 시기의 인물인 점으로 미루어 본래의 소장자였을 거라는 추정
이 가능하다. 3권의 끝에도 3과의 장서인이 찍혀 있는데, '소당(小棠)',
'김(金)', '[미상]'이 찍혀 있다. 2첩, 3첩, 5첩, 6첩 권수제 하단에는 '소
당과목(小棠過目)'이라는 인장이 찍혀 있어 김석준(金奭準, 1831~1915)의
인기로 판단된다. 권말과 6첩 권말에는 '석봉(石峯)'[6], '황사(黃史)', '민
규호(閔奎鎬)'의 인기가 보인다. 황사 민규호(1836~1878, 『충헌집(忠獻

---

5   안승준,「安山 釜谷 晋州柳氏家(竟成堂)所藏 古文書의 내용과 성격」,『고문서집성 58-
    안산진주유씨편』, 2002 ; 김동준,「해암 유경종의 시문학 연구」, 2003, 서울대 박사논
    문, 13~22면.
6   아마도 '석봉'이라는 인기가 있어 표제를 한석봉서라 하지 않았나 싶다. 석봉이라는
    인기는 누구의 것인지 미상이다. 그러나 여러 정황상 석봉이 쓴 글씨와는 거리가 멀고,
    서문의 1617년 연기는 한석봉(1543~1605) 죽은 다음의 기록이라는 점에서 한석봉과는
    무관하다.

集)』(1책, 이화여대 소장))과 김석준이 김정희(金正喜, 1786~1856)의 제자로 친분이 있었다는 점은 이 책의 유전에 실마리를 준다.

권4에 권수제 하단에는 '청천후인(菁川后人)', '청천세가(菁川世家)', '유매(柳楳)'의 인기가 보인다. 청천은 진주의 옛 지명으로 유매의 관향을 나타낸다. 이 책은 본래 6권 2책이었을 가능성이 있지 않나 싶다. 권1~3, 권4~6으로 분책되어 유매의 책으로 있다가 어떤 경로를 통해 민규호 혹은 김석준에게 넘어가게 되고, 김진우(金振宇)의 제첨 (題簽)이 쓰여질 즈음 첩장(帖裝) 형식을 갖추어 지금의 모습을 하고 있는 것으로 추정된다.

본서는 권5~6에서 시가 잘못 연결된 경우가 꽤 보인다. 심지어는 권5에 있는 시제(詩題)의 본문이 권6에 실려 있는 경우도 보인다. 이처럼 심한 도착은 개장 과정에서 발생한 것으로 추정된다.

수록된 시는 권1에 39제 40수, 권2에 35제 41수, 권3에 38제 40수, 권4에 39제 40수, 권5에 72제, 권6에 73제가 실려 있다. 왕안석의 문집(『四部叢刊』 소수 『臨川先生文集』 기준)에 실린 칠언율시 367수, 칠언절구 506수를 가려 뽑아 놓은 것이다.

왕안석 시집과 선집의 조선간본

왕안석(자 介甫, 호 半山, 봉호 荊國公)은 무주 임천현 출신으로 22세에 진사에 합격한 이후, 지방 외직을 떠돌다가 신종(神宗) 즉위 후 참지정사(參知政事)로 등용되면서 소위 '왕안석의 신법(新法)'으로 불리는 정치 개혁을 단행하게 된다. 이 과정에서 적지 않은 부작용과 구법당의 반대로 지방 외직으로 나갔다가 재등용, 다시 외직으로 나가는 과정을 거치면서 완전히 벼슬을 버리고 강녕(江寧)의 종산(鍾山)에 퇴거하였다.

이후 신종의 사망으로 철종(哲宗)이 즉위하여 선인태후가 섭정하면서 왕안석의 반대파였던 사마광(司馬光)을 문하시랑에 기용하여 구법당 정국 주도 하에 신법이 폐지되는 과정을 지켜보면서 퇴거지인 종산에서 생을 마쳤다. 그는 북송의 장서가 송차도(宋次道)의 집에서 당시집을 보고『당백가시선(唐百家詩選)』을 편찬하였는데 이 책은 조선에서도 중요한 학시 선집으로 애용되었다. 두보, 구양수, 한유, 이백의 시를 뽑은『사가시선(四家詩選)』과 당시 부전(不傳)하던 두보의 시 200여 편을 모아 엮은『노두시후집(老杜詩後集)』등은 실전 되었지만, 송대에 학두(學杜)의 기풍을 일으킨 면모를 여실히 보여준다. 문자학 저술인『자설(字說)』을 편찬 바 있지만 전해지지는 않고, 그의 제자 육전(陸佃)은 정치적 견해는 달리하였지만, 왕안석의『자설』에서 영향 받아『비아(埤雅)』를 편찬하였는 바 조선에서도 활자로 간행되었다.

중국에서 간행된 왕안석의 문집은 전집본(全集本)과 시집본(詩集本), 두 계통으로 분류된다. 전집본은『왕문공문집(王文公文集)』(문 56권, 시 44권(권37~80))과『임천선생문집(臨川先生文集)』(시 38권, 문 62권)으로 모두 100권으로 되어 있으나, 전자는 선문후시(先文後詩), 후자는 선시후문(先詩後文) 형태로 편차되어 있으며, 이문(異文)이 있다. 허균이 뽑은 왕안석의 시는 편차와 시제를 볼 때『임천선생문집』에서 뽑아놓은 것이다. 왕안석의 손자 왕각(王旁)이 간행한 이 판본은 명대에 누차에 걸쳐 간행되었다. 조선에서는 간행되지 않았기에 중국 간본을 참고하였을 것이다.[7] 조선에서는 전집본은 간행되지 않고 시집본이 간행되었다. 시집본은 공히『왕형문공시(王荊文公詩)』(50권)의 서명으로 전주본(箋註

---

7   祝尙書,『宋人別集敍錄』, 中華書局, 1999 ; 王嵐,『宋人文集編刻流傳叢考』, 江蘇古籍
     出版社, 2003.

本)과 백문(白文)으로 간행된 무주본(無註本)이 있다.[8] 조선의 전주본(50권)은 이벽(李壁, 1159~1222, 호 雁湖) 전주(箋註), 유진옹(劉辰翁)(1234~1297) 평점(評點)이 입각되어 있되, 원각본(元刻本) 계통(甲辰字, 12행(혹은 11행) 21자)과 송본(宋本)과 원본(元本)을 합편(合編) 중각(重刻)하여 송본의 원모습을 간직한 책(甲寅字, 9행 17자)이 있다[9]. 무주본(甲辰字, 12행 19자, 1485년 내사)은 이벽의 전주와 유진옹의 평점을 탈락시켜 간행한 시집본이다. 이들은 중국본을 조선에서 간행한 사례에 속한다.

이와 더불어 왕안석 문집의 중국본을 간행하는 것이 아니라 왕안석의 시집을 선집한 사례가 나타나는데, 안평대군(安平大君) 이용(李瑢, 1418~1453)이 왕안석의 시를 분류별로 뽑은『비해당선반산정화(匪懈堂選半山精華)』(6권, 1446)가 대표적이다. 또 안평대군은『당송팔가시선(唐宋八家詩選)』,『향산삼체법(香山三體法)』,『산곡정수(山谷精粹)』,『완릉매선생시선(宛陵梅先生詩集)』(1447, 全羅道 錦山 開刊) 등의 선집을 간행한 바 있다.[10] 성균관대 존경각 소장『비해당선반산정화』(6권 2책)에는 두 개의 판식이 나타나 적어도 두 번의 간행이 이루어진 것으로 보인다. 동국대 황의돈(黃義敦, 1887~1964) 기증본에『비해당선반산정화』(영본 3권 1책)에는 '萬曆己卯(1579)冬印於花山臨淵病夫志'(印: 臨淵齋, 琴易堂, 海圓樓

8 『淸芬室書目』, 寶蓮閣, 1968, 375~377면.

9 일본 봉좌문고에 완질이 소장되어 있어 이벽 주의 가장 근사한 모습을 볼 수 있는 자료로 중국에서『王荊文公詩李壁注』(上, 下권, 上海古籍出版社, 1993)로 영인되었으며, 이를 바탕으로 중국의 李之亮이 전주를 보태『王荊公詩注補箋』(巴蜀書社, 2002)를 출판하였다. 고려대 만송문고에『王荊文公詩』(零本 13冊)에 內賜記(嘉靖十五年(1536) 十一月日, 內賜承政院都承旨朴洪鱗王荊公集一件命除謝恩, 同副承旨臣黃(手決))가 있어 1536년(中宗 31) 이전에 간행되었음을 알 수 있다.

10 심우준,『향산삼체법연구』, 일지사, 1997 ; 안장리,「匪懈堂의『宛陵梅先生詩集』에 대하여」,『열상고전연구』14집 ; 황위주,「關于韓國編纂的中國詩選集的研究」,『中國詩歌研究』2집, 중화서국, 2003.

珍藏)라는 기록이 뒷 표지 안쪽에 기록되어 있어 배삼익(裵三益, 1534~
1588, 호 臨淵齋, 인기에 보이는 금역당(琴易堂)은 아들 배용길(裵龍吉, 1556~
1609)의 호이다.)이 안동에서 다시 간행한 것으로 추정된다. 아울러 동국
대 황의돈 기증본에 『신간전상천가절묘시괴(新刊全相千家絶妙詩魁)』(4권
1책, 印: 臨淵齋藏, 海圓樓珍藏)가 있는데, 표지 이면에 '萬曆辛巳(1581)夏印
於峴山府臨淵主人志'라는 묵서(墨書)가 있다. 배삼익은 1581년 여름 양
양부사(襄陽府使)를 제수받았다(『臨淵齋集』 권5, 「年譜」 참고). 이때 만들
어진 책인 듯하다. 당송(唐宋)의 칠언절구(권1~2)와 칠언율시(권3~4)를
계절에 따라 분류하여 실었는데 이 책은 수록 내용과 편차로 볼 때
송(宋)의 사방득(謝枋得) 편 『천가시(千家詩)』를 시에 부합하는 그림과
함께 판각한 것이나 어떤 계통의 판본은 확인되지 않는다. 이 책은 중국
에서는 동몽용으로 애용되었던 반면, 이 시기 우리 나라에서는 학습
흔적을 찾기 힘들다. 다만 묵서의 기록을 의심치 않는다면, 배삼익이
여러 시선집 간행에 관심을 보여 안평대군의 왕안석 시 선집이 다시
간행될 수 있었던 것이다.

　안평대군의 왕안석 시 선집은 천문(天文, 권1; 87수), 지리(地理, 권2~3;
165수), 인문(人文, 권4~6; 265수)으로 나눠 각 항목에 하위 분류를 두어
주해를 첨가하여 간행한 것이다. 이미 안평대군은 『삼체시(三體詩)』의
편차 방식을 따라 당송 명가의 오율(五律), 칠률(七律), 칠절(七絶)을 뽑
아 엮은 『당송팔가시선』(이백, 두보, 위응물, 구양수, 왕안석, 소동파, 황산
곡)에서 두보 다음으로 많은 시를 선발하였다(오율 21수, 칠률 37수, 칠절
79수).[11] 왕안석은 두드러진 문학적 재능과 성취에도 불구하고, 소위

11　왕안석이 뽑은 시는 12행(혹은 11행) 21자의 조선간본의 시제와 동일하게 나타나 원각
　　본 계통의 시선집을 참고한 것이다.

그가 정치적 개혁을 주도한 희녕변법으로 원우당인(元祐黨人)과 소순 (蘇洵) 등의 문인과 관리들이 망국의 사단(事端)을 왕안석에게 돌리면서 남송 이후에는 '정치가 왕안석'이 '시인 왕안석'에 덧씌어지면서 고향 강서 임천의 몇 학인 등을 제외하곤 줄곧 정치적 비판의 대상이 되었 다.[12] 심지어는 그의 시에 주를 낸 이벽이나 청대의 심흠한(沈欽韓) 역시 그의 사람됨에 대해서는 비판적이었다. 안평대군은 굳이 '천하에 폐해 야 할 사람이 있으나 폐해야 할 말은 없다'는 엄우(嚴羽)의 『창랑시화(滄 浪詩話)』(「詩辯」)의 말을 전거로 왕안석의 시의 평가를 정치적 실패와는 달리 보았다. 고려 말의 사대부와 동일한 시선이다.[13] 이황(李滉, 1501~1570) 역시 정치적 비판과는 달리 왕안석의 시를 학습한 흔적이 보인다(『退溪先生文集攷證』).

「반산정화서(半山精華序)」에는 왕안석 시의 애호와 특징이 어떤지를 보여주고 있다.

　　시란 뜻이 가는 바이다. 마음에 있으면 뜻이 되고, 말로 하면 시가 되는 것이니 시라는 것이 어찌 기교를 부려 창작하는 것이겠는가? 다만 뜻이 지향하는 바를 볼 뿐이다. 격률의 정미함과 조악함, 시어의 좋고 나쁨은 위진(魏晉) 여러 현인들이 여전히 그 사이에 뜻을 두지 않았으니 하물며 고시(古詩)를 짓는 데야 어떻겠는가? 나는 그런 이유로 시는 천취(天趣)라 고 말하는 것이다. 예전에 군자는 덕이 충분하고 뜻을 구하기에, 뜻이 가는 바는 자연스러운데서 이루었다. 격률과 말을 구사한 것이 모두 법도 에 들어맞았으니, 격률의 성미함과 조악함과 시어의 좋고 나쁨으로 구한 것이 아니다. 삼백 편 이래 시도(詩道)는 거의 폐기되었다가 당나라에 이

12　李華瑞, 『王安石變法硏究史』, 人民, 2004.
13　도현철, 「남송원 주자학자의 왕안석 인식과 고려말 사대부」, 『동방학지』 116, 2002.

르러 부흥하였는데 오법구품(五法九品)의 격식과 삼공이개(三工二槩)의 뜻은 오직 이백과 두보만이 갖추고 있을 뿐이다. 대력 연간(大曆年間, 766~779) 이후에는 여러 작가가 공졸로 자랑하는 것을 다투고, 때로 시구는 있으나 의미가 없는 것이 있어, 속되고, 미혹되고, 가볍고 드러내는 실수를 면하지 못하였다. 이에 아름다운 말을 짓는데는 뛰어나나 언지(言志)의 공력은 가려지게 되었다. 그런 이유로 시를 논하는 사람이 이를 병으로 여기게 되었다. 송나라에 이르러서는 시도가 더욱 융성하여 대가로 일컬어지는 사람이 수백 명에 이르나 옛 시에 비길 수 있는 경우는 더욱 드물게 되었다. 오직 왕형공의 시는 청담하고, 화묘하면서도, 고아하고 침착하다. 그의 작품은 도연명(陶淵明 365~427)을 조술하고, 사령운(謝靈運, 385~433)을 모범으로 하였으며, 두보(杜甫, 712~770)를 격식으로 하고 이백(李白, 701~762)을 활용하였다. 대우(對偶)의 정미함과 용운(用韻)의 골력은 진실로 옛것에 비겨도 차이가 없다. 소위 '문체를 벗겨내면 그 오묘함을 알 수 있으나 그 오묘한 이유를 알 수 없다'고 한 것은 송시가 아니다. 이는 송시이지만 당시인 것이다. 나는 시는 진실로 감히 시를 잘 알고 감상한다고 할 수는 없으나 이 문집을 본 것이 7, 8년이 되었다. 말을 찾고 뜻을 완미하여 조금 그 자취를 알았다. 진작부터 이 시들이 세상에 전해지지 않아 얻어 볼 수 없음을 걱정하여 한가한 날에 그 정화를 뽑아내고 문을 나누고 비슷한 것을 모아 대략 주해를 더하여 『반산정화』라 이름짓고 이 책을 세상에 두루 전하도록 하였다. 아아, 형공이 세상에 나와 말의 정화가 이와 같고 그 지극한데 이르러서는 고인이 '천하에 폐해야 할 사람이 있으나 폐해야 할 말은 없다'고 하였다. 뒤에 보는 사람이 진실로 그의 말을 통해서 그 뜻을 얻는다면 비로소 같이 시를 말할 수 있을 것이다.

때는 정통 을축년(1445) 납월 19일에 청지가 비해당 매죽헌에서 쓴다.

詩者, 志之所之也. 在心爲志, 發言爲詩, 然則詩者復豈有工拙爲哉. 但視其志之所向耳. 至於格律之精粗, 遣辭之善否, 魏晉諸賢尙不用意於其間, 而況古詩乎, 余故曰詩者天趣也. 古之君子, 德足以求其志, 志之所之, 成於自然, 格律遣辭, 悉皆中於法度, 非以精粗善否而求之也. 自三百篇以降, 詩道

幾廢, 及唐而復興, 五法九品之格, 三工二㝵之義, 唯李杜得焉. 大曆以下諸
作競以工拙相誇, 往往有有其句而無其意者, 未免於俗狂輕露之失, 於是葩
藻之辭勝而言志之功隱矣. 故論詩者以此病焉. 逮于趙宋詩道尤盛, 稱大家
者至以百數而擬古者愈鮮矣. 獨王荊公之詩, 清淡而華妙, 高雅而從容, 其爲
作也, 祖淵明而宗靈運, 體子美而用太白, 屬對之精, 用韻之功, 實擬古而無
間焉. 所謂剝落文彩知其妙而不知其所以妙者, 非宋詩也. 乃宋詩而唐者也.
余於詩也固不敢以知音自賞, 然觀是集已七八年矣. 尋辭玩意, 稍得其趣, 嘗
患是詩不傳世, 無得而見之, 乃於暇日掇其精華, 門分類聚, 畧加註解, 名曰
半山精華, 庶使是書盛傳于世. 嗚呼, 荊公之出於世也, 言之精華如此, 其至
也, 古人云‘天下有可廢之人, 無可廢之言’, 後之觀者苟能因其言而得其義,
則始可與言詩矣. 時正統乙丑臘月十九日淸之書于匪懈堂之梅竹軒.

구양순와 매요신의 뒤를 이어 소식과 황정견과 함께 송시(宋詩)의
개척자인 왕안석 시에 대한 제가의 평을 보면, 대체적으로 박문(博聞)
을 통한 '모의과 창신'이라는데 일치한다.[14] 왕안석의 시는 이벽 주의
일람(一覽)에서도 확인되듯 다양한 독서 체험을 통한 용전(用典)과 두
보, 한유(韓愈 768~824), 이백, 도연명 등의 다양한 시인들의 시를 모의
하여 새로운 의경을 만들어 낸 것을 그 특징으로 한다. 아울러 강서시
파(江西詩派)의 선하를 왕안석에 둔 양계초(梁啓超, 1873~1929)의 논의를
이어 왕안석의 시가 허자(虛字)의 사용, 요구(拗句)를 애호한 점 등은
많은 왕안석 전공자들이 공감하고 있다.[15] 유내창은 두보시에 대한 존
중, 시법 기교의 고구(考究)와 연마, 평이한 것을 어그리뜨리고 힘있게

---

14 柳瑩杓, 『王安石 詩歌文學 硏究』, 법인문화사, 1993 ; 李燕新, 『王荊公詩探究』, 문진출판
　사, 1997.
15 劉乃昌, 「試論山谷詩與王安石」, 『情緣理趣展妙姿–兩宋文學探勝』, 山東敎育, 2003 ;
　內山精也, 「黃庭堅與王安石」, 『第二屆宋代文學國際硏討會論文集』(莫礪鋒 編), 江蘇敎
　育, 2003.

만드는 공통된 추세, 황정견 시의 입의(入意), 구법(句法), 예술 수법은 왕안석의 영향을 많이 받았다는 점 등을 들어 황정견에 이어 강서시파로 흘러가는 내연성을 강조하고 있다. 국내의 왕안석 연구가인 유영표는 이백이나 소식이 일필휘지로 시를 써 내려가는 호방한 시인과는 달리 고음형(苦吟型)에 속했던 황정견과 왕안석의 시에 대해 다음과 같이 비교하고 있다. 황정견(黃庭堅, 1045~1105)은 두보를 최고의 시인으로 간주하고 두시를 송대 시단의 부동의 지위를 차지하는데 기여한데 비해, 왕안석은 두시만큼이나 여타 시인들의 작품에도 주의를 기울였으며, 수사기교의 결과 나타나는 작품의 분위기가 황정견은 굳건한 기세를 표현하고자 한 수경미(瘦勁味)의 추구에 있었다면, 왕안석은 대장의 엄격함을 추구하면서도 "대우에 얽매이는 것은 좋지 않다(不可泥於對屬)"고 밝히는 등 자연스러움도 추구하였으며 "자신의 뜻을 드러내는데, 일을 빌려 서로 밝혀야한다(須自出己意, 借事以相發明)"는 시관(詩觀)으로 시의(詩意)와 용전(用典)이 융합을 꾀하여, 작품의 분위기가 '기(奇)'와 자연스러움의 대비로 나타난다고 설명하였다.

안평대군은 왕안석의 시가 도연명과 사령운을 조종으로 삼고 두보와 이백을 체용으로 만들어낸 시라고 지적한다. 은일시와 산수시로 대표되는 도연명(陶淵明)과 사영운(謝靈運)의 내용과 이두(李杜)의 수사기교를 익힌 측면을 강조한 것이다. 대우와 용운의 강구를 통해 얻어낸 시의 경지는 남송의 강기(姜夔, 1155~1230)의 시론을 차용하여 기괴하지는 않은데 문채를 벗겨보면, 그 오묘한 줄은 알지만 그 오묘한 이유를 알지 못하는 것 즉, '자연고묘(自然高妙)'로 설명하고 있다.[16] 이런

---

16 魏慶之, 『詩人玉屑』 卷1, 「白石詩說」 "詩有四種高妙, 一曰理高妙, 二曰意高妙, 三曰想高妙, 四曰自然高妙. 礙而實通曰理高妙, 出事意外曰意高妙, 寫出幽微如淸潭見底曰想

경지는 당시에 나타나는 것으로 통상 당시의 풍격을 거론할 때 얘기되는 '淸淡而華妙, 高雅而從容'과 연결되어 왕안석의 시가 송나라 시이면서도 당시인 이유를 설명해준다.[17] 송대의 양만리(楊萬里, 1127~1206) 역시 강서시파의 시를 익히다가 후에는 왕안석의 절구와 만당시를 배운 인물로 그는 왕안석 시에서 (만)당시와 흡사점을 이른 시기에 지적하였다.[18] 특히 엄우(『창랑시화』)가 형공체(荊公體)를 두고, 칠언절구는 왕안석의 득의처로 평가한 만큼 고금의 상찬을 받았다.

안평대군의 선집은 중국본을 토대로 만들어진 성종, 중종 년간의 왕안석 시집 간행과는 달리 개인의 독자적인 왕안석 선시집이라는데 의의가 있다. 7, 8년의 독서를 통해 만들어진 선집으로 강서시파의 풍미와도 일정한 영향 관계가 있지 않나 여겨진다.[19]

허균이 뽑은 왕안석의 칠언율시와 칠언절구

현존 『성소부부고』는 1611년까지의 글을 수습한 것이다. 그런데 이

高妙, 非奇非怪, 剝落文采, 知其妙而不知其所以妙, 曰自然高妙."

17 『비해당선반산정화』권6 끝 "批曰王文公之詩, 淸淡而華妙, 高雅而從容, 其爲作也, 祖淵明而宗靈運, 體子美而用太白, 詩曰'樵松煮澗水, 旣食取琴彈'者, 淸淡也, '月映林塘淡, 風含笑語涼'者, 華妙也, '地留孤嶼小, 天入五湖深'者, 高雅也, '勢合便疑包地盡, 功成終欲放春回'者, 豪逸而從容也, 法度森嚴, 無一點可校, 故君子貴之" 이수광(『芝峯類說』권0, 「文章部」2, 〈詩評〉)은 이 글을 인용하면서 자신의 평문을 덧붙였다. "余謂王詩在宋, 最精巧有意味, 如'已無船舫猶聞笛, 遠有樓臺只見燈, 山月入松金破碎, 江風吹水雪崩騰'語非不工, 然氣格猶在晚唐下, 比之陶謝李杜則誠過矣."

18 유영표, 앞의 책, 669~670면.

19 이종묵, 『海東江西詩派硏究』, 太學社, 1995에서 말하는 조선 강서시파의 특징으로 언급되는 拗體의 시도, 典故의 활용 등 왕안석 시가 공유하는 부분이 많다. 가령 강서시파를 대표하는 『瀛奎律髓』에 왕안석의 시는 오율 19수, 칠률 62수로 상당한 비중으로 실려 있는 것도 주목할 만하다.

번에 발견된 왕안석의 칠언 율시와 절구의 선집은 그가 죽기 일년 전인 1617년에 지어진 것으로 만년 허균의 시론을 살필 수 있는 좋은 자료다. 허균이 살았던 목릉 문단과 광해군 시대의 시풍을 문학사에서는 당풍(唐風)의 시대라 부른다. 허균 역시 그런 시대의 주조와 떨어져 있지 않다. 다만 허균은 모색의 비평가라 할 만큼 새로운 목소리에 귀를 기울였고 그러하기에 남다른 주장과 실천도 갖출 수 있었다.『송오가시초(宋五家詩鈔)』(1611년 이전)를 엮으면서 당시를 존숭한 모습에서는 시대의 풍상과 달리하지 않지만, 송시를 겸취한 점은 자신의 목소리이다. 허균은 송시를 배운 이후 서강(西江, 강서시풍)에 자신이 물들었다고 밝힌 바대로 송시를 버리지 않았다. 이 선집은 죽기 전 해의 작업이라는 점에서 허균의 만년 시학이 어디에 가 있는가를 살펴 볼 수 있다.

허균의 서문은 왕세정의『예원치언(藝苑卮言)』의 어휘와 논의,[20] 그리고 이반룡의「선당시서(選唐詩序)」(『예원치언』에도 발췌 수록)에 대한 비판적 태도,[21] 원굉도(袁宏道, 1568~1610) 시론을 원용하면서 칠률의 학습은 당송시를 배울 것을 주장하고 송시 명가의 비판과 왕안석 시의

---

20 五言至沈宋始可稱律, 律爲音律, 法律, 天下無嚴於是者, 知虛實平仄, 不得任情而度, 明矣. 二君正是敵手, 排律用韻穩妥, 事不傍引, 情無牽合, 當爲最勝, 摩詰似之, 而才小不逮, 少陵强力宏蓄, 開闔排蕩, 然不無利鈍, 餘子紛紛, 未易悉數也(『藝苑卮言』 권4) ; 五言律差易得雄渾, 加以二字, 便覺費力, 雖曼聲可聽, 而古色漸稀, 七字爲句, 字皆調美, 八句爲篇, 句皆穩暢, 雖復盛唐, 代不數人, 人不數首, 古惟子美, 今或于鱗驟似駭耳(『예원치언』 권1) ; 盛唐七言律, 老杜外王維李頎岑參耳. 李有風調而不甚麗, 岑才甚麗而情不足, 王差備美(『예원치언』 권4) ; 太白不成語者少, 老杜不成語者多, 如‘無食無兒’ ‘舉家聞若欷’之類, 凡看二公詩, 不必病其累句, 不必曲爲之護, 正使瑕瑜不掩, 亦是大家(『예원치언』 권4) ; 錢似不及劉, 錢意揚, 劉意沈, 錢調輕, 劉調重, 如‘輕寒不入宮中樹, 佳氣常浮仗外峯’, 是錢最得意句, 然上句秀而過巧, 下句寬而不稱, 劉結語 ‘匹馬翩翩春草綠, 邵陵西去獵平原’ 何等風調, ‘家散萬金酬士死, 身留一劍答君恩’, 自是壯語, 而于鱗不錄, 又所未解(『예원치언』 권4)

21 七言律體諸家所難, 王維李頎頗臻其妙, 卽子美篇什雖衆, 隕焉自放矣(「選唐詩序」)

추숭이라는 남다른 시관을 개진하고 있다.

명대 복고파의 당시 칠률에 대한 특징적인 논의는 칠률 창작의 어려움에 대한 견해, 이기(李頎)의 문제, '당인칠률제일(唐人七律第一)'의 논의 등으로 요약된다. 칠률 창작의 어려움은 송나라 비평가 엄우(嚴羽)(『滄浪詩話』〈詩法〉"七言律詩難於五言律詩")나 원나라 양재(楊載)(『詩法家數』, "七言律難於五言律")가 지적한 바 없지 않지만, 시체(詩體)의 발전과 경험을 통해 제기한 견해는 명대 복고파의 공헌이라 할만하다. 이와 관련하여 당대(唐代)의 구체적인 작가와 작품에 대해 연관하여 이기를 칠률의 정종으로 본 견해는 복고파의 특색을 드러낸 것이다. 전통적으로 칠률은 왕유, 맹호연, 고적(高適), 잠참(岑參)을 추숭하는 바, 이기를 추숭하는 풍조는 그 이전의 선시집과는 달리 고병의 『당시품휘』에서 이기의 칠률 7수를 전재하고, 이를 이어 이반룡이 『고금시산』에서 전재한 것에서 엿볼 수 있다. 『시수(詩藪)』에서 이반룡이 구법은 노두(老杜)에서, 편법은 이기에서 배운 점을 지적한 것은 이런 문맥이다.[22]

허균이 이반룡의 『고금시산』을 편찬하면서 쓴 「선당시서」에서 칠률에서 왕유와 이기만을 추숭하고 두보를 배제시킨 것에 대한 강한 불만의 토로[23]와 왕세정이 대력체 시인으로 분류되는 유장경 시에 칭찬에 대한 반감은 칠자파 문학론에 깊은 영향을 받으면서도 비판적 사고를 잃지 않았던 그의 모습이다. 더불어 조선 문학사에서 가장 이른 시기

---

22 陳國球, 「復古詩論與"唐代七律正典"」, 『唐詩的傳承─明代復古詩論研究』, 學生書局, 1990에서 명대 복고파의 칠률에 대한 논의를 종합적으로 검토하는 과정에서 4절 「七律之難」에서 이를 언급하였다.

23 『고금시산』에 두보의 율시는 15수로 다른 시인에 비해 많은 편수로 실려있다. 그러나 상대적인 비율로 볼 때 두보의 율시는 이반룡에 의해 선집 속에서 평가절하된 점이 없지 않다.

의 것으로 판단되는 원굉도의 시론에 대한 언급은 이채롭다. 그 전거를 찾지 못했기에 조심스럽지만 복고파의 반감과 함께 소식(蘇軾)으로 대표되는 송시를 배우자는 논의는 그대로 간직했다고 할 수 있다.[24]

이미 왕안석의 정핵(精核)함, 소식의 능탁(凌踔)함, 황정견의 연굴(淵倔), 진사도(陳師道)의 침착하고 간명함, 진여의(陳與義)의 부드럽고 밝은 풍격을 추숭하여 송시 선집을 묶은 바 있는 허균이 소식, 황정견, 진여의, 진사도에 대한 비판적 시선을 보내면서 왕안석의 시를 제시한다. 왕안석 시가 중요한 이유는 당 칠률의 부미(浮靡)를 극복하는 방법으로 왕안석 시가 요긴하다는 점이다. 목릉 문단의 풍상이 당시를 고집하여 부미함에 따져 들 때 허균의 약방문은 의미 있게 들린다. 당시의 풍조를 담고 있는 왕안석의 칠언절구를 뽑아 놓은 것도 역시 같은 의미일 것이다.

조선 문학사에서 왕안석 시에 대한 평가에서 안평대군과 허균만큼 애중을 보였던 경우는 흔치 않다. 공교롭게도 세 사람은 당대에 혹은 후대에 여러 이유에서 지탄의 대상이 되었던 인물들인데, 그들이 남긴 문학적 성취만은 그들을 변호해 줄 것이다.

---

24 허균이 언급한 원굉도 관련 부분을 구체적으로 찾지 못했다. 다만 "世人喜唐, 僕則曰唐無詩, 世人喜秦漢, 僕則曰秦漢無文, 世人卑宋黜元, 僕則曰詩文在宋元諸大家"(「張幼于」, 『袁中朗集』 권22)라고 한 것이 유사한 논의이다.

송 왕형공 이체시초 서문[1]

문장 가운데 시를 짓는 것보다 어려운 것이 없고, 시 가운데 율시보다 어려운 것이 없다. 율(律)이라는 것은 법률과 음률의 뜻을 지니고 있다. 천하의 일 가운데 이보다 엄격한 것이 없으니, 시에 율(律)이라고 이름지은 것은 공교롭기가 어려움을 드러낸 것이다.

시는 개원(開元) 천보(天寶)[2] 시대보다 융성할 때가 없었고, 율시보다 성한 것이 없었다. 이백(李白)의 재주로도 간혹 소리의 조화와 시구를 조탁하는 데에 어려움을 겪고 떨어져 자리를 두었으니, 하물며 그 아래에 있는 시인에 있어서야 어떻겠는가?

그 당시에 율시를 가장 잘 지었다는 시인으로 맹호연(孟浩然)과 왕유(王維)가 있어 율시를 짓는 법도가 역시 삼엄하였다. 두보(杜甫)는 억센 힘으로 웅장하게 쌓아놓았으니 족히 두 시인을 겸비했다 할 것이고, 율시의 공교로움에서는 예나 지금이나 짝할 사람이 드물다.

1 　성균관대학교 존경각(尊經閣)에 소장된 『송왕형공이체시초(宋王荊公二體詩鈔)』 첫 장에 서문이 실려 있는데, 제목은 따로 없지만 편의상 '서문'이라고 제목을 붙여서 번역한다.

2 　개원(開元, 713~741)은 당(唐)나라 현종(玄宗)의 연호이고, 대력(大曆, 766~779)은 대종(代宗)의 연호이다. 이 시기가 당시(唐詩)의 전성기(全盛期)여서 성당(盛唐)이라 한다. 이때에 왕유(王維)와 맹호연(孟浩然), 이백(李白)과 두보(杜甫), 고적(高適)과 잠삼(岑參) 등의 시인이 배출되었다.

그러나 여러 시인의 재력(才力)으로도 다섯 글자에다 두 자를 더하면 격운(格韻)이 약하고 용렬함을 깨닫게 되어, 이반룡(李攀龍)[3]이 '제멋대로 시법을 어겼다'고 하여 두보를 배척하였으니, 당나라 삼백여 년간에 칠언율시를 썼던 시인이 없었단 말인가? 이는 영웅이 사람을 속인 것이니 고지곧대로 믿을 수 있는 말이 아니다.

그가 추숭하는 시인은 왕유와 이기(李頎)에 그쳤으나, 그들이 남긴 작품 또한 얼마 되지 않는다. 왕세정(王世貞)[4]은 대력(大曆) 연간에서 「헌남평왕(獻南平王)」[5] 1편을 얻고는 흥미롭게 칭찬과 의론을 그치지 않았으니, 그렇다면 역시 어떤 견해인가?

요컨대 당나라의 칠언율시는 심전기(沈佺期)와 송지문(宋之問)이 아직 펴지 못하다가 두보가 집성하였으니 옥에 그 흠을 가릴 수 없었으며, 왕유와 이기가 홀로 조예를 갖추고 나아갔으니 전기(錢起)衤와 유장경(劉長卿) 이하는 나무랄 것도 없다.

원굉도(袁宏道)[6]가 왕세정과 이반룡 등 여러 사람의 입론(立論)을 폐

3　이반룡(1514~1570)은 자가 우린(于鱗), 호가 창명(滄溟)으로 명나라 가정(嘉靖) 23년 (1544) 진사시에 급제하고 벼슬이 섬서 제학부사(陜西提學副使)에 이르렀다. 이몽양 (李夢陽) 등 전칠자(前七子)의 고문주의를 계승하여 진(秦)·한(漢)의 고문을 모범으로 삼고, 성당(盛唐) 이전의 시의 격조를 중시하는 고문사파(古文辭派)를 창도하여 명나라 후기 문단을 주도하였는데, 그의 문장은 힘차고 수사(修辭)에 뛰어났지만 난해하고, 시는 격조가 높지만 모방이 지나치다는 평을 들었다.

4　왕세정(1526~1590)은 자가 원미(元美), 호가 엄주산인(弇州山人)이다. 가정(嘉靖) 26년 (1547) 진사시에 급제하고, 벼슬이 형부 상서(刑部尙書)에 이르렀다. 젊을 때부터 문명 이 높아 후칠자(後七子)의 한 사람으로 꼽혔고, 학식은 그중에서도 제일이라는 평을 받아 이반룡과 함께 '이왕(李王)'으로 병칭되었다. 이반룡 사후 고문사파를 이끌고 문단 을 주도하였으나, 만년에는 당나라의 백거이(白居易)·한유(韓愈)·유종원(柳宗元), 송 나라의 소식(蘇軾) 등의 작품에도 심취하였다.

5　유장경(劉長卿)이 지은 시 〈헌회령절도사이상공(獻淮寧節度使李相公)〉을 가리킨다.

6　원굉도(1568~1610)는 자가 중랑(中郞), 호가 석공(石公)으로, 만력(萬曆) 20년(1592)

기하고 '당나라에는 칠언율시가 없다'고 하고 '칠언율시를 짓는 사람은 마땅히 송나라 시인을 모범으로 삼고 하경명(何景明)과 이몽양(李夢陽)[7]으로 꾸민다면 최고라 할 만하다'고 여겼으니, 이 말은 갑작스러워 놀랄 듯하다.

나는 그런 이유로 '칠언율시는 당나라 시인을 모범으로 삼고 송나라 시인의 체식으로 곁들인다면 완전할 수 있다'고 생각한다. 비유하자면 진한(秦漢) 이하의 치세는 왕도(王道)와 패도(覇道)를 섞어서 세상과 함께 할 수 있지, 그렇지 않으면 우활하고 부패한 대로 흘러 들어가는 것과 같다.

송시(宋詩)는 단지 소동파(蘇東坡), 황정견(黃庭堅), 진사도(陳師道), 진여의(陳與義)만을 말하는데, 소동파는 종횡무진하지만 비리한 단점이 있고, 황정견은 나는 듯하지만 꾸며서 막히는 단점이 있으며, 진사도는 침착하지만 어두운 단점이 있고, 진여의는 완미하지만 약한 단점이 있다.

요컨대 순수하고도 잡박한 것은 이미 오직 왕안석(王安石)[8]의 시에만

진사시에 급제하여 벼슬이 이부 낭중(吏部郞中)에 이르렀다. 형 원종도(袁宗道), 아우 원중도(袁中道)와 함께 3원(三袁)으로 일컬어지며, 출신지 이름을 따서 공안파(公安派)라고도 불린다. 의고파에 반대하고 시의 진수(眞髓)는 개성의 자유로운 발로이니 격조에 얽매여서는 안 된다는 주장을 펼쳤으나, 현실적 사회문제는 외면한 채 지나치게 가벼운 풍격의 작품을 추구한다는 비판을 받았다.

7 이몽양(1473~1530)의 자는 헌길(獻吉), 호는 공동자(空同子)이다. 섬서(陝西) 경양(慶陽) 사람으로 훗날 개봉(開封)으로 옮겨 살았다. 홍치(弘治) 6년(1493) 진사가 되고, 호부 주사(戶部主事)에 임명되었다. 무종(武宗) 때 상서 한문(韓文)을 대신해 주소(奏疏)를 써서 환관 유근(劉瑾) 등을 탄핵했다가 투옥된 뒤 면직 당했다. "문필진한(文必秦漢) 시필성당(詩必盛唐)"을 주장하여 진한(秦漢)의 고문과 이두(李杜)의 시를 이상으로 하고 시의 격조를 중시했다. 때문에 격조설(格調說)로 문단을 주도하기도 했지만, 모의 표절(模擬剽竊)이라는 비난도 들었다. 저서에는 『공동자집』・『홍덕집(弘德集)』이 있다.

8 왕안석(1021~1086)은 북송(北宋) 시대의 정치가이자 문장가로, 호는 반산(半山), 자는

있으니, 힘이 넘쳐나고 공허하여 진부한 말을 완전히 걷어내고 엄진하고 간절하니, 앞사람에게 없었던 특징이다. 특히 송조(宋調)가 조금은 성당(盛唐)에 부끄럽지만 칠언율시를 짓는 사람이 송나라의 시로 당나라 시의 부미(浮靡)를 구한다면 왕안석을 버리고 누구를 법칙으로 삼을 것인가? 하물며 절구는 아려하고 잘 울리며 당나라 여러 시인들 가운데 두더라도 또한 부끄럽지 않을 것이니, 어찌 소동파나 진사도 이하와 비길 수 있겠는가? 만약 왕창령(王昌齡)이나 이백이 이 시대에 태어났더라도 또한 갑자기 뛰어넘을 수 있겠는가?

　문장은 운세를 따라 점점 내려가는 것이 물이 아래로 흐르는 것과 같으니, 당나라는 한나라가 될 수 없고, 송나라는 당나라가 될 수 없다. 세상에 북을 두드리며 나와 말을 뛰어넘고 대열을 짓밟을 수 있다고 자랑하는 자를 누가 믿어 주겠는가?

　나의 지론은 이와 같으니, 그런 이유로 시간이 날 때마다 왕안석의 칠언율시 가운데 좋은 시를 뽑아 4편으로 만들었다. 양공(良工)이 혼자서 고심하여 맑고 조화로우며 균칭한 것을 보인 것이니, 나의 쓸모에는 충분하다 하겠다.

　또 칠언절구 가운데 경발한 것을 가려내어 2편으로 만들고 권말(卷末)에다 부쳐, 『형공이체시초(荊公二體詩鈔)』[9]라 하였다. 가끔 보면서 곤

개보(介甫)이다. 강서성(江西省) 출신이며, 시인·문필가로 활약하였다. 신법(新法)이라는 개혁책을 통해 균수법(均輸法), 청묘법(靑苗法), 시역법(市易法), 모역법(募役法), 보갑법(保甲法), 보마법(保馬法) 등을 실시하였다. 하지만 이러한 개혁의 노력에도 불구하고 당쟁이 격화되고 정치가 혼란에 빠지면서 큰 성과를 거두지는 못하였다. 그의 개혁 정치는 보수파에게 매도당했지만, 문장력은 동료뿐 아니라 정적에게조차 인정을 받을 만큼 뛰어났다. 당송팔대가 중의 한 사람이다. 형공은 왕안석이 형국공(荊國公)에 봉해졌기 때문에 붙여진 명칭이다. 저서로는 『주관신의(周官新義)』·『당백가시선(唐百家詩選)』 등이 있다. 『宋史 卷327』

궁과 시름을 달래고 세상에 칠언율시를 잘 짓고 싶어하는 사람에게 어찌 도움이 되지 않겠는가?

　만력(萬曆) 기사년(1617) 중동(仲冬)에 허균(許筠)이 쓰다.

9　2체는 칠언율시와 칠언절구이다. 허균은 서문에서 이 책의 제목을 『형공이체시초(荊公二體詩鈔)』라고 하였지만, 6권으로 편집한 각권마다 마지막 장에 '송왕형공이체시초(宋王荊公二體詩鈔) 권1'부터 '송왕형공이체시초(宋王荊公二體詩鈔) 권6'이라고 썼기에, 이 번역에서는 이를 책 제목으로 삼았다.

송 왕형공 이체시초 권1

양천 허균 단보씨(端甫氏) 선(選)

만년의 회고
歲晚懷古

선생은 만년에 전원에서 일하며
공자의 저술 토론을 그만두었네.
뽕나무와 삼나무를 물어보며 이미 자랐음을 어여삐 여기고
소나무와 국화꽃을 돌아보며 아직도 남아있음을 기뻐하였네.
농부들은 농담하며 깊은 골짜기를 찾아다니고
어린아이들은 환호하며 대문을 나선다.
신고 온 막걸리에 의혹된바 떨어낸 자를 멀리서 감사하니
내 지금 말을 하려니 어느새 할 말을 잊었네.

先生歲晚事田園, 魯叟遺書廢討論。

問訊桑麻憐已長, 按行松菊喜猶存[1]。

農人調笑追尋壑, 稚子歡呼出候門[2]。

遙謝載醪祛惑者,[3] 吾今欲辯已忘言。

---

1 도연명의 「귀원전거(歸園田居)」 제2수에 "뽕나무와 삼나무가 날로 이미 자랐구나[桑麻日已長]", 「귀거래사(歸去來辭)」에 "세 갈래 길은 황폐하였으나, 소나무와 국화가 아직 남아있네[三徑就荒, 松菊猶存]"이라는 구절이 있다.
2 도연명의 「귀거래사」에 "깊숙한 골짜기를 찾고[旣窈窕以尋壑]", "어린 자식이 문 앞에서 맞이하네[稚子候門]" 등 구절이 있다.

단약지 원정
段約之園亭[4]

공의 연못가 관사 좋아하여 속세를 잊고
아침부터 저녁까지 머물러 노닐었네.
마름은 따뜻하니 물고기 뛰어올랐다가 떨어지고
버드나무 그늘지니 꾀꼬리는 울다가도 날아가네.
길에는 잡초 없이 대나무만 자라고
접시에는 좋은 음식 있어 고사리 캘 필요없네.
훌륭한 일 낭주[5]에 비록 있을지라도
끝내는 내 고향 아니니 어찌 돌아감만 하리오.

愛公池館得忘機, 初日留連至落暉。
菱暖紫鱗跳複沒, 柳陰黃鳥囀還飛。
徑無凡草唯生竹, 盤有嘉蔬不采薇。
勝事閬州雖或有, 終非吾土豈如歸。

단씨 원정
又段氏園亭

잠에서 깨어 물소리 따라 동쪽 울타리 걸어가니
일점의 연기가 피어올라 흐릿하게 물가에 비치네.

---

3   도연명의 「음주(飮酒)」 제18수에 "술 싣고서 미혹된 것 떨쳐낸다[載醪祛所惑]"이라는
    구절이 있다.
4   약지(約之)는 이웃에 살던 단봉(段縫)의 자이다.
5   낭주(閬州)는 지금의 사천성[四川省] 낭중현[閬中縣] 지역이다.

연꽃은 우거져 길을 찾을 수 없고
늘어진 수양버들이 문을 지키고 있네.
청산은 산등성이를 드러내어 마치 염색한 것과 같고
백조는 수면에서 즐거이 노닐지만 그지없이 조용하네.
주작교 근방에 이렇게 훌륭한 정원이 있으니
무릉도원에서 배 타고 흔들거리는 기분이네.

欹眠隨水轉東垣, 一點炊煙映水昏。
漫漫芙蕖難覓路, 翛翛楊柳燭知門。
青山呈露新如染, 白鳥嬉遊靜不煩。
朱雀航邊今有此, 可能搖蕩武陵源。

배를 돌리다
回橈

사립문 나서 산책하니 서늘한 바람 고요한데
궤안에 기대다 백하의 조수에 조각배를 띄웠네.[6]
자마처럼 고운 둥근 달이 고요히 오르니[7]
제청주처럼 푸른 구름이 광활하게 걷히네.[8]

---

6 은궤는『장자』「제물론(齊物論)」에, "남곽자기가 궤안에 기대어 앉아서 하늘을 쳐다보
고 숨을 쉬니, 그 모습이 물아(物我)의 대립을 모두 잊은 듯 무심하기만 하였다.[南郭子
綦隱机而坐, 仰天而噓, 嗒焉似喪其耦.]"라고 나온다. 백하는 이벽의 주에 "당나라 무덕
(武德) 8년에 귀화(歸化)를 고쳐 금릉(金陵)이라 하고, 9년에 금릉을 고쳐 백하(白下)라
고 하였다."라고 나온다.
7 이벽(李璧)의 주에 "공륭이 논하기를 '금 중에 좋은 것을 자마(紫磨)라고 하니, 사람
중에 성인이 있는 것과 같다.'라고 하였다."라고 나온다.
8 『화엄경』에 "제청주(帝青珠)는 제석(帝釋)이 보물로 여겨 완상하는 것이다."라고 나온다.

몇몇 집의 닭과 개는 서로 아는 듯한데
산림의 한 언덕으로 특별히 초대를 받았네.
모과 동산이 가장 좋았던 것 생각나니
흥이 다하여 가던 길에 배를 돌렸네.
柴荊散策靜涼飆, 隱几扁舟白下潮。
紫磨月輪升靄靄, 帝青雲幘卷寥寥。
數家雞犬如相識, 一塢山林特見招。
尚憶木瓜園最好, 興殘中路且回橈。

차운하여 공심보에게 화답하다
次韻酬龔深甫

동강에서 악수할 때 비녀에 백발 가득하여
오땅에서 누에농사 지으며 늙어가자 슬퍼하며 기약했지.[9]
좋은 때 한 번 웃는 일 참으로 만나기 어려우니
늘그막에 서로 그리워함 어찌 오래 감내하리.
다른 날 두보의 두시를 위수 북쪽에서 전하니[10]
어느 때 주옹의 집에서 청장(淸漳)의 남쪽을 마주하리.[11]

---

9   이백의 〈동로의 두 어린아이에게 보내다. 금릉에서 짓다(寄東魯二稚子在金陵作)〉에
    "오나라 땅의 뽕잎은 푸르고, 오나라 누에는 벌써 석 잠을 잤도다.[吳地桑葉綠, 吳蠶已
    三眠]"라고 나온다.
10 두보가 위북(渭北)에서 강동(江東)에 있는 이백을 그리워하며 지은 〈봄날 이백을 추억
    하며(春日憶李白)〉 시에 "위수 북쪽에는 봄 하늘 숲이 푸른데, 강동에는 저물녘 구름
    떠가리. 어느 때 동이 술을 마시며, 문장 속뜻 자세히 토론해 볼지.[渭北春天樹, 江東日
    暮雲. 何時一樽酒, 重與細論文.]"라고 하였다.
11 이벽의 주에 "송날 유회(劉繪), 장융(張融), 주옹(周顒)은 당시의 뛰어난 선비로 모두

백년 인생에 몇 번이나 해후할 수 있으며
또 수고로이 찾아와서 초암에서 만날 수 있을지.

握手東岡雪滿簪, 後期惆悵老吳蠶。
芳辰一笑眞難値, 暮齒相思豈久堪。
他日杜詩傳渭北, 幾時周宅對漳南。
百年邂逅能多少, 且可勤來共草庵。

섭치원의 시에 차운하다
次葉致遠韻

강의 중주(中洲)에 집 짓고 생애를 보내니
어찌 뗏목 타고 동해로 성인을 좇으리.
몸은 오리와 함께 날아가고 기러기와 함께 모이며[12]
마음은 휩쓸리고 물결처럼 뒤섞여 흘러갈 수 있네.[13]
예로부터 기재(杞梓)는 항상 먼저 베이나니[14]

담을 이어서 거처하였으므로 조야(朝野)에서 모두 '세 사람이 청장(淸漳)을 끼고서 함께 거주하되 장옹이 남쪽, 주옹이 북쪽, 유회가 중앙에 거주하였다.'라고 하였다."라고 나온다.

12 양웅(揚雄)의 〈해조(解嘲)〉에 "벼슬길에 오른 자는 청운에 들어가지만 벼슬길이 떨어진 자는 구렁에 빠진다. 아침에 권력을 잡으면 공경 재상이 되고 저녁에 권세를 잃으면 필부가 되니, 비유하자면 강호의 참새나 발해의 새는 네 마리의 기러기가 날아와 모여도 많아지지 않고, 한 쌍의 오리가 날아가 버려도 적어지지 않는 것과 같다.[當塗者入靑雲, 失路者委溝渠. 旦握權則爲卿相, 夕失勢則爲匹夫, 譬若江湖之雀, 勃解之鳥, 乘雁集, 不爲之多, 雙鳧飛, 不爲之少.]"라고 나온다. 『한서』「양웅전(揚雄傳)」에 실려있다.

13 『열자』「황제(黃帝)」에 "이로 인해 사람들에 휩쓸린다고 여기고 이로 인해 물결을 이룬다고 여긴다.[因以爲茅靡, 因以爲波流.]"라고 나온다.

14 기(杞)와 재(梓)는 모두 좋은 재목이다. 『춘추좌전』양공(襄公) 5년 조에 "귀생(歸生)이

고포(菰蒲) 마을에 오래 머물 수 있다고 누가 말하였던가.
나의 집에서 흥 오르면 물리지 않을 줄 알겠으니
긴 대나무 옮겨 심어 연추(延騶)에 비기려네.

生涯聊占水中洲, 豈卽乘桴逐聖丘.
身與鳧飛仍鴈集, 心能茅靡亦波流.
由來杞梓常先伐, 誰謂菰蒲可久留.
乘興吾廬知未厭, 故移修竹擬延騶.

차운하여 서중원에게 화답하다
次韻酬徐仲元

늘그막에 기와 당에서 소요하니[15]
하늘의 형벌이 참으로 그쳐 항양을 벗었도다.[16]
수원 찾아가니 그윽하고 고요하여 고기 놀라지 않고[17]

진(晉)나라에 갔다가 초(楚)나라로 돌아오자 초나라 영윤(令尹) 굴건(屈建)이 그에게 묻기를 '진나라의 대부와 초나라의 대부를 비교하면 어느 쪽이 훌륭한 인재가 더 많은 가?'라고 하니, 귀생이 대답하기를 '진나라의 경(卿)은 초나라만 못하다. 초나라의 대부 는 훌륭한 인재가 매우 많아 대부분 재상의 재목이었다. 이는 마치 기재(杞梓)와 피혁 (皮革)을 초나라에서 전부 수입해 사용하는 것과 같다.'라고 하였다."라고 나온다.

15 『시경』「진풍(秦風)·종남(終南)」에 "종남산에 무엇이 있는가, 기도 있고 당도 있네.[終 南何有, 有紀有堂.]"라고 나온다. 기는 산의 모서리를 말하고 당은 산의 넓고 편편한 곳을 말한다.

16 『장자』「덕충부(德充符)」에 "노담이 말하기를 '다만 그로 하여금 죽고 사는 것을 같은 이치로 여기며, 옳고 옳지 않은 것을 같은 이치로 여기게 하여 그 질곡을 풀게 하는 것이 좋겠다.'라고 하자 무지가 말했다. '하늘이 그에게 형벌을 내렸는데, 어찌 풀 수 있겠습니까?'[老耼曰, '胡不直使彼, 以死生爲一條, 以可不可爲一貫者, 解其桎梏, 其可 乎.' 無趾曰, '天刑之, 安可解.']"라고 나온다. 항양(桁楊)은 죄인을 속박하는 형구(刑具) 로, 죄인의 목에 씌우는 칼과 발목에 채우는 차꼬의 통칭이다.

골짜기 건너 깊이 들어가니 새 위아래로 날아가네.
매번 사귐을 괴로워하여 다섯 버드나무를 찾고[18]
시축(尸祝)을 가장 싫어하여 경상(庚桑)을 어지럽게 했지.[19]
서로 보아 싫지 않은 것은 오직 부자(夫子)이니
풍미가 참으로 고건강(顧建康)과 같구나.[20]
投老逍遙屺與堂, 天刑眞已脫桁楊.
緣源靜翳無魚淰, 度谷深追有鳥頏.
每苦交遊尋五柳, 最嫌尸祝擾庚桑.
相看不厭唯夫子, 風味眞如顧建康.

---

17 『예기(禮記)』「예운(禮運)」에 "성인이 용을 가축처럼 기르기 때문에 어류(魚類)가 사람
들에게 길들여져서 놀라지 않는다.[龍以爲畜, 故魚鮪不淰]"라고 나온다.

18 도연명의 〈오류선생전(五柳先生傳)〉에 "선생은 어디 사람인지 알 수 없고, 또한 그 성
자도 알 수 없다. 집 가에 버드나무 다섯 그루가 있어 그것으로 호를 삼았다.[先生不知
何許人也, 亦不詳其姓字. 宅邊有五柳樹, 因以爲號焉.]"라고 한 데서 온 말이다.

19 『장자(莊子)』「경상초(庚桑楚)」에 "노담(老聃)의 제자 경상초가 외루(畏壘) 고을을 다
스린 지 3년 만에 외루 고을이 크게 번성하자 이 고을 백성들이 서로 경상초를 칭송하며
이르기를 '원상자가 처음 왔을 때에는 우리가 깜짝 놀라 기이하게 여겼는데, 지금 하루
하루 헤아려 보면 부족하더라도 일 년으로 헤아려 보면 넉넉하니, 아마도 성인인가
보다. 그대들은 어찌하여 서로 함께 그를 시축(尸祝)으로 받들고 사직을 세워 모시지
않는가.'라고 하자 경상자(庚桑子)가 그 이야기를 듣고 남쪽을 바라보며 기뻐하지 않았
다.[庚桑子之始來. 吾洒然異之. 今吾日計之而不足, 歲計之而有餘, 庶幾其聖人乎! 子胡
不相與尸而祝之, 社而稷之乎? 庚桑子聞之, 南面而不釋然.]"라고 나온다.

20 이벽의 주에 "고헌지(顧憲之)가 건강령(建康令)이 되어 인화(人和)를 깊히 얻었으므로
도하(都下)에서 좋은 술을 마시면 문득 '고건강(顧建康)'이라 불렀으니, 맑고 아름다웠
음을 말한다."라고 하였다.

차운하여 각지에게 화답하여 올리다
次韻奉酬覺之

역마가 서주(西州)로 들어감을 오래 전에 알았으니
계서의 약속은 애초에 도모하지 않았지.[21]
문 밖에 먼지 일으키며 편지 도착하니
나는 물결 위 조각배 눈 안에 들어오네.
산림의 병골이 번거롭게 세 번 찾아오게 하니
호해의 이별한 애간장은 만 번 구르려 하네.[22]
적막한 곳 꾸미는 광화가 있으니
상자 속에 아름다운 시구를 길이 남길 수 있겠네.

久知乘傳入西州, 鷄黍從容本不謀。
戶外驚塵尺書至, 眼中飛浪片帆收。
山林病骨煩三顧, 湖海離腸欲萬周。
尙有光華賁岑寂, 篋中佳句得長留。

---

21 계서(鷄黍)의 약속은 후일 주식(酒食)을 장만해 놓고 만나자는 약속이다. 동한(東漢)의
범식(范式)이 타향에 있을 때 그의 절친한 친구 장소(張劭)에게 2년 후에 그의 집을
찾아가겠다고 약속하였다. 장소가 집에 돌아가 그의 어머니에게 2년 뒤에 술과 음식을
장만해 줄 것을 청하자, 그의 어머니가 말하기를 "2년 동안이나 떨어져 있어야 되고
천 리 밖에서 약속한 것을 너는 왜 그리 꼭 믿으려고 하느냐?" 하니, 장소가 말하기를
"범식은 믿음이 있는 선비이므로 반드시 약속을 어기지 않을 것입니다." 하였다. 그날
이 되자 과연 범식이 찾아와서 두 사람이 마주 대하여 술을 마시고 즐기다가 헤어졌다.
『후한서』「범식전(范式傳)」에 나온다.

22 한유(韓愈)의 〈원유연구(遠遊聯句)〉에 "이별의 애간장은 수레바퀴처럼 굴러서, 하루에
도 일만 번이나 구른다네.[別腸車輪轉, 一日一萬周.]"라고 나온다.

항판관을 전송하다
送項判官

갈대 끊어진 모래섬에 낙엽 진 다리
긴 모래사장의 나루터엔 정오의 조수.
산새는 절로 울고 죽계는 구룩구룩 우는데[23]
행인은 마주하고 말은 힝힝거리네.
십년 연장인 그대를 유생 때부터 알고 지내니
천리 멀리서 달려온 것은 백벽 때문이 아니네.[24]
악수하고 축원하니 억지로라도 밥 잘 드시고
언제나 화려한 비녀 꽂고서 웅장한 수레 따르기를.
斷蘆洲渚落楓橋, 渡口沙長過午潮。
山鳥自呼泥滑滑, 行人相對馬蕭蕭。
十年長自靑衿識, 千里來非白璧招。
握手祝君能强飯, 華簪常得從鷄翹。

보공탑에 올라서
登寶公塔

지친 동복 피로한 말 소나무 문에 놓아두고
나 홀로 긴 지팡이 짚고 올라 바위 뿌리에 기대니,
강 위의 달은 하늘을 전회하여 대낮처럼 환하고

23　원문의 '니활활(泥滑滑)'은 죽계(竹雞)의 별칭이다. 그 울음소리가 비슷해서 붙여진 이름
　　이다.
24　우경(虞卿)이 조나라 효성왕(趙孝成王)에게 유세하여 황금 백 일(鎰)과 백벽 한 쌍(一
　　雙)을 하사받은 고사가 있다.

고개의 구름은 어두움 나누어 황혼에 어우러진다.

쥐가 정적을 흔들어 부스럭 소리 뒤따라 일어나고

까마귀는 황량한 하늘 높이 날아 그림자 서로 퍼득인다.

이때에 누가 주인이고 누가 객인지 알지 못하겠으니

스님은 나를 잊고 나는 말을 잊었다.

倦童疲馬放松門, 自把長筇倚石根。

江月轉空爲白晝, 嶺雲分暝與黃昏。

鼠搖岑寂聲隨起, 鴉矯荒寒影對翻。

當此不知誰客主, 道人忘我我忘言。

지난각
紙暖閣

병풍 이어 지붕과 벽 갖춘 작은 누각 만들어

남쪽으로 주렴 걸고 북쪽으로 상 두었네.

곁으로 좌석이 마주 놓여 붉은 솜 따뜻하고

위로 창이 나뉘어 열려 푸른 비단 서늘하다.

양탄자 궁려(穹廬)는 장마 더위에 쉽게 무너지고[25]

비단 장막은 끝내 초야에 방해가 되지.

초땅은 닥나무 종이 월땅은 등나무 종이로 자칭하니[26]

---

25 전려(氈廬)는 모피(毛皮) 막을 둘러치고 사는 집이다. 옛날 중국의 북방 유목(遊牧)
    민족, 주로 몽고족이 수초(水草)를 따라 이동하면서 가는 곳마다 모피 막을 치고 살았다.
26 이벽의 주에 "소방(蕭倣)이 남해(南海)를 거느렸는데 곡지(穀紙)가 많아 여러 아들들로
    하여금 잔서(殘書)를 선보(繕補)하도록 했는데, 곡(穀)은 곧 저(楮)이다. 서원여(舒元
    興)에게 비섬계고등문(悲剡溪古藤文)이 있는데 월(越)은 대개 섬계(剡溪)를 가리켜 말

매번 종이를 이어붙여 서낭(書囊)을 줄일 수 있었지.[27]

聯屛蓋障一尋方, 南設釣簾北置床。

側座對敷紅絮暖, 仰窗分啓碧紗涼。

氈廬易以梅烝壞, 錦幄終於草野妨。

楚穀越藤眞自稱, 每糊因得減書囊。

우화대
雨花臺

장간의 구불구불 깎아지른 비탈길 올라

빼어난 경관 안고서 강가 정자에 들어가면

물가의 새 서리는 끝없이 하얗고

어스름 속 산봉우리는 가도가도 푸르러라.

남쪽으로 올라가 우저(牛渚)의 기이함 다 보고 싶고

북쪽으로 찾아가니 초당의 신령 잊기 어렵네

대나무 가마 타고서 수양버들 길 지나니

누대 위 차가운 구름 사이로 한두 별 반짝이네

盤互長干有絶陘, 幷包佳麗入江亭。

新霜浦溆綿綿白, 薄晩林巒往往靑。

南上欲窮牛渚怪, 北尋難忘草堂靈。

筍輿却走垂楊陌, 已戴寒雲一兩星。

한 것이다."라고 나온다.

27 이벽의 주에 "한나라 문제는 상서낭(上書囊)을 모아서 궁전의 휘장을 만들었다"라고
   나온다.

북창
北窓

병들어 쇠잔한 몸 매번 억지로 부지하니
계옹(鷄瓮)과 길경(桔梗) 또한 수시로 필요하네.[28]
공중의 꽃은 뿌리와 꽃받침 찾아 캐내기 어렵고[29]
꿈속 경관의 연기와 먼지는 털어내도 소용없네.
기역(耆域)의 약주머니 진정 있지 않으며[30]
황제의 의약서도 아마 원래 없던 것.
북창 침상 위로 봄바람 따스하여
몇 권 『유마경』을 천천히 읽는다.

病與衰期每强扶, 鷄瓮桔梗亦時須。
空花根蔕難尋摘, 夢境煙塵費掃除。
耆域藥囊眞妄有, 軒轅經匱或元無。
北窗枕上春風暖, 漫讀毗耶數卷書。

---

28 『장자』「서무귀(徐无鬼)」에 "약이라고 하는 것은 실은 근(菫), 길경(桔梗), 계옹(鷄瓮)과 시령(豕零) 따위이다. 이것들이 그때그때의 병 증세에 따라 주약(主藥)이 되는 것을 어찌 이루 다 말할 수 있겠는가.[藥也, 其實菫也, 桔梗也, 鷄雍也, 豕零也. 是時爲帝者也, 何可勝言?]"라고 나온다.

29 『원각경(圓覺經)』에 "사대를 망령되게 인식하여 자신의 상으로 여기고 육추의 연영을 자신의 심상으로 여기는 것은 비유하면 자신의 병든 눈으로 실재하지 않는 공중의 꽃과 제2의 달을 보는 것과 같다.[妄認四大, 爲自身相, 六塵緣影, 爲自心相, 譬如彼病目, 見空中華及第二月]"라고 나온다.

30 『기역경(耆域經)』에 "내녀(柰女)가 단정하여 칠국의 왕이 다투었는데, 오직 평사(萍莎)의 왕이 얻었다. 기역을 낳았는데 손에 침과 약 주머니를 가지고 태어나 날 때부터 명의였다."라고 나온다.

여망지 사군을 초대하다
招呂望之使君

조구(潮溝) 동쪽길 두 소 울음 소리 들리는 거리[31]
물결 잔잔한 10무 연못에 초정(草亭) 하나 지어서,
나라에 몸 허여하듯 산림에 위지(委質)하고[32]
물고기 새에 마음 부쳐 형체 잊으려 하네.[33]
분분히 쉽게 변하는 것은 하얀 뜬 구름이나
낙낙한 늙은 잣나무의 푸르름 모은 이 누구인가.[34]
사군과 호오를 같이 함 있기에
가을 물 부는 대로 배 띄우려 하네

潮溝東路兩牛鳴, 十畝漪漣一草亭。
委質山林如許國, 寄懷魚鳥欲忘形。
紛紛易變浮雲白, 落落誰鍾老栢靑。

31　『당서역기(唐西域記)』에 "수량의 칭호를 유선나(踰繕那)라고 하는데 유선나라고 하는
　　것은 예로부터 성주(聖主)가 하루에 군행(軍行)하는 거리이다. 구전(舊傳)에 1유선나는
　　40리이고 인도국의 풍속에 30리이다. 성교(聖教)에 실린 것은 오직 16리이다. 지극히
　　작은 수로는 1유선나 40리를 나누면 8구려사(拘廬舍)가 되는데 8구려사는 큰 소의 울음
　　소리가 매우 잘 들리는 거리이다."라고 나온다. 양우명(兩牛鳴)의 리수(里數)는 일우명
　　(一牛鳴)의 배가 된다.
32　위지(委質)는 책명위지(策名委質)로, 사판(仕版)에 이름을 올리고 폐백을 바쳐 군주에
　　게 충성을 다함을 말한다. 『춘추좌전』 희공(僖公) 24년 기사에 "신하의 명부에 이름을
　　올리고 군주에게 예물을 바치고서, 두 마음을 품는 것은 죄를 짓는 것이다.[策名委質,
　　貳乃辟也.]"라고 나온다.
33　두보(杜甫)가 친구 정건(鄭虔)에게 준 〈취시가(醉時歌)〉에 "형체는 잊고서 너니 나니
　　하는 사이, 통음하는 것이야말로 진정 나의 스승.[忘形到爾汝, 痛飮眞吾師.]"이라고
　　나온다.
34　두보의 〈송솔부정녹사환향(送率府程錄事還鄉)〉에 "뜻은 늙은 잣나무의 푸르름 모르
　　고, 의리는 긴 뱀이 칩장(蟄藏)하듯 움직였지.[意鍾老栢靑, 義動脩蛇蟄.]"라고 나온다.
　　정후(程侯)의 뜻은 송백(松栢)이 세한(歲寒)에 그 정조를 고치지 않고 사관(辭官)의 의
　　리는 용사(龍蛇)가 그 몸을 칩장(蟄藏)하듯 하였다는 말이다.

尙有使君同好惡, 想隨秋水肯揚舲。

전초 장공이 북산 서암에 시를 남겼는데 승려가 흙칠을 하여 창연히 감회가 있었다
全椒張公有詩在北山西庵僧者墁之悵然有感

10년 동안 섭산의 무덤길에서 슬퍼하여

마침내 술잔 들어 술 방울이 구천에 닿도록 하네.[35]

각건 쓰고 동쪽 길로 가겠다는 것 옛 약속 아니고[36]

서주의 화려한 집은 서까래 수리할 것 없지.[37]

삶과 죽음 영원히 떨어지니 기장밥 삶을 일 없고[38]

---

35 당(唐)나라 한유(韓愈)가 자식을 잃고 슬픔에 젖은 친구 맹교(孟郊)를 위로한 〈맹동야
　　실자(孟東野失子)〉 시에 "위로 하늘에 호소해도 들리지 않고, 땅에 떨어지는 눈물방울
　　이 구천(九泉)에까지 이르렀다.[上呼無時聞, 滴地淚到泉.]"라고 나온다.

36 『진서(晉書)』 「양호열전(羊祜列傳)」에 양호가 그의 종제(從弟) 양수(羊琇)에게 보낸 편
　　지에서 "변방의 일을 안정시키고 나면, 마땅히 각건을 쓰고 동쪽으로 고향에 돌아가
　　관 넣을 터를 마련하겠다.[既定邊事, 當角巾東路歸故里, 爲容棺之墟.]"라고 하였다.

37 『진서(晉書)』 「사안열전(謝安列傳)」에 "양담은 태산 사람으로 어려서 사안(謝安)에게
　　사랑을 받았는데, 사안이 죽은 뒤에 1년 동안 음악을 그치고 길을 갈 때에도 서주(西州)
　　의 성문을 경유하지 않았다. 일찍이 석두(石頭)에서 크게 취하여 노래를 부르며 길을
　　걷다가 자신도 모르게 서주의 성문에 이르렀다. 주위 사람들이 이곳은 서주의 성문이
　　라고 알려주자, 양담은 슬퍼해 마지않고 채찍으로 문짝을 두드리며, 조자건(曹子建)의
　　'살아서는 화려한 집에서 살다가, 죽어서는 산속으로 돌아가는구나.'라는 시를 읊고
　　통곡하면서 지나갔다.[羊曇者, 太山人, 知名士也. 少爲謝安所愛重, 安薨後, 輟樂彌年,
　　行不由西州門. 嘗由石頭大醉, 扶路唱樂, 不覺至州門也. 左右白曰, 此西州門, 曇悲感不
　　已, 以策扣扉, 誦曹子建詩曰, 生存華屋處, 零落歸山丘, 因慟哭而.去]"라고 나온다.

38 계서(鷄黍)의 약속은 후일 주식(酒食)을 장만해 놓고 만나자는 약속이다. 동한(東漢)의
　　범식(范式)이 타향에 있을 때 그의 절친한 친구 장소(張劭)에게 2년 후에 그의 집을
　　찾아가겠다고 약속하였다. 장소가 집에 돌아가 그의 어머니에게 2년 뒤에 술과 음식을

참됨과 속됨 서로 어긋나니 거물고 줄 끊은지 오래.[39]

유묵을 만날 때마다 마치 해후한 듯

다시 인사(人事)따라 연기처럼 흩어지누나.

十年怊悵躡山阡, 終欲持杯滴到泉。

東路角巾非故約, 西州華屋漫修椽。

幽明永隔休炊黍, 眞俗相妨久絶弦。

遺墨每看疑邂逅, 復隨人事散如煙。

고개 구름
嶺雲

고개 구름 모이는 곳에서 잠시 배회하여

사람은 이불 펼치고 말은 안장을 풀었네.

차가운 유협 하늘에 달려 느릅나무 역력하고[40]

장만해 줄 것을 청하자, 그의 어머니가 말하기를 "2년 동안이나 떨어져 있어야 되고 천 리 밖에서 약속한 것을 너는 왜 그리 꼭 믿으려고 하느냐?" 하니, 장소가 말하기를 "범식은 믿음이 있는 선비이므로 반드시 약속을 어기지 않을 것입니다." 하였다. 그날 이 되자 과연 범식이 찾아와서 두 사람이 마주 대하여 술을 마시고 즐기다가 헤어졌다. 『후한서』「범식전(范式傳)」에 나온다.

39　옛날에 백아(伯牙)는 거문고를 잘 타고, 그의 벗 종자기(鍾子期)는 거문고 소리를 잘 알았다. 백아가 높은 산을 생각하며 거문고를 타면 종자기는 "험준하기가 태산(泰山) 같구나."라고 하고, 백아가 흐르는 물을 생각하며 거문고를 타면 종자기는 "세차게 흐르는 것이 강하(江河) 같구나."라고 하였다. 종자기가 죽은 뒤에 백아는 자기의 음(音)을 아는 사람이 없다 하여, 다시는 거문고를 타지 않았다고 한다. 『열자』「탕문(湯問)」에 나온다.

40　고악부(古樂府)〈농서행(隴西行)〉에 "하늘 위엔 무엇이 있는가, 총총하게 백유가 심어져 있네.[天上何所有, 歷歷種白楡]"라고 나온다. '백유'는 별을 가리킨다. 유협(楡莢)은 느릅나무의 열매이다. 유전(楡錢)이라고도 한다.

맑은 꽃 바다에 떠 있어 계수나무 울창하네.
교유가 흩어짐은 도연명의 기쁨이고
이졸(吏卒)이 적막함은 혜강의 넉넉함이지.⁴¹
방장의 늙은이라 머리카락 하나 없으니
피관을 쓰지 않을 줄 알겠네.⁴²

嶺雲合處小盤桓, 人得敷衾馬解鞍.
寒筴著天楡歷歷, 淨華浮海桂團團.
交遊渙散淵明喜, 吏卒蕭條叔夜寬.
方丈老翁無一髮, 更知來不爲皮冠.

유수로에게 보이다
示兪秀老

빙 두른 산은 푸른 파도가 들끓는 듯한데
인가 절반은 연무 자욱한 등라 속에 있네.
시절 풍족하여 담소 소리 들리니 봄 소리 이르고
땅이 궁벽져 좋아서 찾으니 들판 흥취 많구나.
붉은 기와의 탑은 북쪽으로 창을 내고

---

41 위(魏)나라 혜강(嵇康)이 당시에 권력을 장악했던 사마사(司馬師)와 사마소(司馬昭) 등
　　에게 불만을 품고 있었는데, 그쪽 편에 속했던 산도(山濤)가 그를 관직에 추천하자,
　　이를 거절하며 보낸 〈여산거원절교서(與山巨源絶交書)〉라는 편지에서 "분명히 감당할
　　수 없는 일곱 가지와 매우 불가한 두 가지가 있다.[有必不堪者七, 甚不可者二]"라고
　　하면서 벼슬살이를 할 수 없는 이유를 댄 고사가 있다.
42 『맹자』「만장 하(萬章下)」에, "우인을 부를 때는 피관을 사용하니, 서인은 전(旃)을
　　사용하고, 사(士)는 기(旂)를 사용하고, 대부는 정(旌)을 사용한다.[以皮冠, 庶人以旃,
　　士以旂, 大夫以旌.]"라고 하였다.

흰 용마루의 절은 서쪽 모퉁이에 숨었네.
늘그막은 그대와 함께 손을 잡고
곳곳에서 좋은 노래 짓도록 괴롭혀야지.

繚繞山如湧翠波, 人家一半在煙蘿.
時豐笑語春聲早, 地僻追尋野興多.
窣堵朱甍開北向, 招提素脊隱西阿.
暮年要與君携手, 處處相煩作好歌.

정벽 공의 물화루에 부쳐 제하다
寄題程公闢物華樓

오초 땅 동남쪽이 가장 상유인데[43]
강과 산이 물화루에 많이 있구나.
멀리 바라보니 사신의 기가 연회에 임하는데
홀로 초가에 누워 있어 헌수(獻酬)가 막혀 있네.
새로 지은 시가 흰 벽에 적혀 있을 듯한데
묵적이 창주에 전하지 않아 괴이하구나.[44]
남쪽으로 우수와 부수 바라보니 푸르고 푸른데
장수는 이쪽으로 흐를 수 있는지.[45]

吳楚東南最上遊, 江山多在物華樓.

---

43 상유(上遊)는 국가의 중요한 지역을 말한다. 『사기』「항우본기(項羽本紀)」에 "과거 황
    제는 땅이 사방 천 리인데 반드시 상유에 거하였다.[古之帝者, 地方千里, 必居上遊.]"라
    고 나온다.
44 이벽의 주에 "창주는 공 스스로를 말한다."라고 하였다.
45 이벽의 주에 "장수는 곧 남강(南江)이다."라고 하였다.

遙瞻旄節臨尊俎, 獨臥柴荊阻獻酬。

想有新詩傳素壁, 怪無餘墨到滄洲。

渢涪南望重重綠, 章水還能向此流。

유수로에게 화답하다
酬兪秀老

동암을 청소하고 상 하나 두니

그대와의 옛 정이 오래됨을 깨달아라.

말이 있으면 유마힐의 침묵을 옮길 필요 없고[46]

법이 없으니 어찌 일찍이 음광(가섭)에게 구속될 일 있었으리.[47]

---

46 『유마힐소설경(維摩詰所說經)』 권8에 다음과 같은 내용이 나온다. "이와 같이 여러 보
살들이 제각기 설하고 나자 문수사리(文殊師利)에게 물었다. '어떤 것이 보살의 불이법
문(不二法門)에 깨달아 들어가는 것입니까?' 문수사리가 대답하였다. '제 생각 같아서
는 일체법에 대해서 말이 없고[無言], 설함도 없으며[無說], 가리키는 일도 없고[無示],
식별하는 일도 없으며[無識], 모든 질문과 대답을 떠나는 것을 입불이법문이라고 할
것 같습니다.' 이 때 문수사리가 유마힐에게 물었다. '저희들은 각자가 자신들의 생각을
말하였습니다. 당신께서 말하실 차례입니다. 어떤 것을 보살의 입불이법문이라고 하는
것입니까?' 그 때 유마힐은 오직 아무런 말 없이[默然] 침묵하였다. 문수사리는 감탄하
여 말하였다. '훌륭하고 참으로 훌륭합니다. 문자(文字)로도 언어의 설명[語言]까지도
전혀 없는 이것이야말로 진실로 불이의 경지에 깨달아 들어가는 법문입니다.'[如是諸
菩薩各各說已, 問文殊師利 : '何等是菩薩入不二法門?' 文殊師利曰 : '如我意者, 於一切
法無言無說, 無示無識, 離諸問答, 是爲入不二法門.' 於是文殊師利問維摩詰 : '我等各自
說已, 仁者當說何等是菩薩入不二法門?' 時維摩詰默然無言. 文殊師利歎曰 : '善哉! 善
哉! 乃至無有文字, 語言, 是眞入不二法門.']" 시의 뜻은 대개 말이 있으면 유마힐의 한
번 침묵을 옮길 필요가 없음을 말한다.

47 초조 가섭존자가 아난에게 부친 게송에 "법을 법으로 삼음이 본래 법이지만, 법도 없고
법 아닌 것도 없으니, 어찌하여 한 법 안에, 법이 있고 법 아닌 것이 있으리.[法法本來
法, 無法無非法. 何於一法中, 有法有不法]"라고 하였다.

이 몸이 천지와 함께 영원할 것을 알겠으니
강호에서 다른 날에 서로 잊으리라.[48]
오히려 반게(半偈)하여 사색으로 돌아가길 탐하니[49]
제석(帝釋)이 망령되이 헤아릴까 두렵네.[50]

灑掃東庵置一床, 於君獨覺故情長。
有言未必輸摩詰, 無法何曾泥飮光。
天壤此身知共弊, 江湖他日要相忘。
猶貪半偈歸思索, 卻恐提桓妄揣量。

장시랑이 동부신거시를 보여주기에 인하여 화답하다
張侍郞示東府新居詩, 因而和酬

현인을 얻어 북산의 쑥(萊)을 흠모하고[51]
붉고 하얀 하늘 가운데 이부가 열렸네.

---

48 『장자』「대종사(大宗師)」에 "물고기들은 강이나 호수에서 서로 잊고, 사람들은 도술에서 서로 잊는다.[魚相忘於江湖, 人相忘於道術.]"라고 나온다. 물고기는 깊은 물에서 헤엄치면서 서로 잊고, 사람은 도술이 내면에 가득하면 편애를 단절하게 되어 서로 잊을 수 있음을 말한다.

49 『연기경(緣起經)』에 "설산의 동자가 반게(半偈)를 하고 사신(捨身)하였다. 게송은 이러하다. 제법은 연기에 따라 생기니, 인연이 떠나면 법이 곧 멸하네. 나의 스승 큰 스님께서, 항상 이와 같이 말씀하셨지.[諸法從緣生, 緣離法卽滅. 我師大沙門, 常作如是說.]"라고 나온다.

50 이벽의 주에 "제환(提桓)은 곧 제석이다. 제환과 부처는 지위가 서로 멀다."라고 하였다.

51 『시경』「소아·남산유대(南山有臺)」에 "남산에는 잔디(臺)가 있고 북산에는 쑥(萊)이 있네.[南山有臺, 北山有萊.]"라고 나온다. 〈정전〉에 "산은 초목이 있어 스스로 덮어서 그 크고 높음을 이룬다. 이는 임금이 어진 신하를 얻어서 스스로 존현(尊顯)하게 되는 것을 비유한다."라고 하였다.

공은 소하의 규범에 못 미쳐 한나라 저택 부끄럽고[52]

은혜가 곽외로부터 시작되어 연나라 누대 자랑스러웠네.[53]

일찍이 황제께서 들르신 자취 남아 있어

더욱 고사(高士)들이 시 읊조리는 재능 소비하였지.

예로부터 낙성식에는 좋은 노래 있었으니

동쪽 문 쓸고서 공이 오기를 기다리네.[54]

得賢方慕北山萊, 赤白中天二府開.

功謝蕭規慙漢第, 恩從隗始詑燕臺.

曾留上主經過跡, 更費高人賦詠才.

自古落成須善頌, 掃除東閣望公來.

---

52 양웅(揚雄)의 『법언(法言)』 「연건(淵騫)」에 "소하가 만들어 정한 법규를 조참이 그대로 따랐다.[蕭也規, 曹也隨.]"라고 나온다. 예부터 내려오는 법률과 제도를 그대로 따르거나 이어 나가는 것을 말한다.

53 이벽의 주에 "곽외가 연나라 소왕에게 말하길 '제왕은 스승과 함께 처하고, 왕자(王者)는 친우와 함께 처하고, 패자(霸者)는 신하와 함께 처하고, 나라를 망칠 자는 역부(役夫)들과 함께 처합니다. 왕께서 진실로 국중의 현자를 널리 뽑으려거든 먼저 그 문하에 몸을 굽혀 찾아가십시오. 천하가 왕이 그렇게 겸손히 어진 자를 구한다는 말을 듣게 되면 천하의 선비들이 틀림없이 연나라로 달려올 것입니다.'라고 하였다. 소왕이 '그럼 장차 먼저 누구를 찾아보는 게 좋겠습니까?'라고 하였다. 곽외가 말하기를 '지금 왕께서 진실로 선비를 모으고 싶거든 저로부터 시작하십시오. 저 같은 자도 섬김을 받는다면 하물며 저보다 어진 자들이 어찌 1천 리를 멀다 하겠습니까?'라고 하였다. 이에 소왕이 곽외 선생을 위해 집을 지어 주고 스승으로 모시자, 악의(樂毅)가 위(魏)나라에서 오고 추연(鄒衍)이 제(齊)나라에서 오고 즉신(劇辛)이 조(趙)나라에서 왔다.[郭隗謂燕昭曰, '帝者與師處, 王者與友處, 霸者與臣處, 亡國與役處. 王誠博選國中之賢而朝其門, 天下之士聞王朝其賢臣, 必趨於燕矣.' 昭王曰, '將誰朝而可?' 郭隗曰, '今王誠能致士, 先從隗始. 隗且見之事, 況賢於隗者, 豈遠千里哉?' 於是昭王爲隗築宮而師. 樂毅自魏往, 鄒衍自齊往, 劇辛自趙往.]"라고 나온다.

54 한(漢)나라 공손홍(公孫弘)이 재상이 된 뒤에 "객관을 세우고 동쪽 합문을 열어서 현인을 맞이하였다.[起客館, 開東閣以延賢人.]"이라고 하였다는 고사가 전한다. 『한서』 「공손홍전(公孫弘傳)」에 나온다.

충경의 '상원에 어가를 호종하여 집희관에 이르러 우연히 이루다' 시에 차운하다
次韻沖卿上元從駕至集禧觀偶成

소릉(昭陵)에서 전대 들고 종유하던 사람을[55]
희녕(熙寧)의 네 번째 봄에 다시 만났네.
보배로운 건물을 가운데 열어 옥좌를 옮기니
화려한 등불 착란하여 주진(朱塵)에 비치네.[56]
난련(鸞輦) 앞에서 따로 새로운 가무를 보는데
보장(寶仗) 바깥은 도리어 옛 순찰과 같구나.
늙어서 서로 만나 옛 일을 추억하고
도리어 시름 품고서 천진을 건너가누나.

昭陵持橐從遊人, 更見熙寧第四春.
寶構中開移玉座, 華燈錯出映朱塵.
輦前時看新歌舞, 仗外還如舊徼巡.
投老逢時追往事, 卻含愁思度天津.

'어가를 모시어 관등하다' 시에 차운하다
次韻陪駕觀燈

수놓은 선랑(扇筤)이 바람 품고 옥 계단에 내려오니[57]

---

55 지탁(持橐)은 지탁잠필(持橐簪筆)의 준말로 황제를 시종하는 관리가 손에는 서낭(書囊)을 들고 머리에 붓을 꽂고서 수시로 자문에 응하거나 일을 기록한 것을 말한다. 『한서』「조충국전(趙充國傳)」에 나온다. 탁필(橐筆)이라고도 한다.

56 주진(朱塵)은 먼지를 막는 작은 막을 말한다. 『초사』「초혼(招魂)」에 "당을 지나 내실로 들어가니 주진이 펼쳐져 있구나[經堂入奧, 朱塵筵些.]"라고 나온다.

궁상(宮商)의 협주가 찬란히 특별하다.

복상(福祥)이 이르러 주나라 왕실에서 불이 붉은 까마귀로 변하고[58]

은택이 넘쳐 요임금의 술동이가 네거리 여기저기 흩어져 있네.

침상에 엎드려 다만 균천광악을 알 수 있을 뿐이니[59]

어떻게 붓 휘둘러 주옥의 시로 보답하리.[60]

시 상자에 시 넣으며 귀전의 날을 보내며

공환(公歡) 추억하여 노래하며 스스로 즐기고 싶어라.

繡筤含風下玉除, 宮商挾奏斐然殊。

福祥周室流爲火, 恩澤堯樽散在衢。

伏枕但能知廣樂, 揮毫何以報明珠。

願留巾篋歸田日, 追詠公歡每自娛。

---

57 선랑(扇筤)은 천자의 의장용 우산의 굽은 덮개이다. 송나라 제도에 황제가 출행하면
    연로한 내신(內臣)들이 말 위에서 가두(駕頭)를 포위하는데, 가마 뒤로는 낭(筤)이라고
    하는 굽은 덮개를 펼친다. 내신들이 말 위에서 두 부채로 가마를 양옆에서 끼는데 이를
    선랑(扇筤)이라고 한다.

58 『사기』「주본기(周本紀)」에 "무왕(武王)이 은(殷)나라를 정벌하기 위해 황하를 건널
    적에 중류에서 흰 물고기가 무왕의 배 안으로 뛰어 들어오자, 무왕이 몸을 굽혀 잡아서
    제사하였다. 황하를 건넌 다음 위에서 불이 아래로 내려와 무왕이 거처하는 집의 지붕
    에 이르러 까마귀가 되었는데, 그 색깔이 붉었다.[武王渡河, 中流白魚躍入王舟中, 武王
    俯取以祭. 旣渡, 有火上復于下, 至于王屋, 流爲烏, 其色赤.]"라고 하였다. 이후로 흰
    물고기와 붉은 까마귀는 상서로운 길조로 인식되었다.

59 광악(廣樂)은 균천광악(鈞天廣樂)의 준말로 천상의 음악을 말한다. 조간자(趙簡子)가
    병이 들어 5일 간 인사불성이었는데, 의식이 돌아오자 "내가 상제가 계신 곳에 가서
    매우 즐거웠고, 백신(百神)과 균천에서 노니는데 삼대의 음악과 달라 광악(廣樂)의 구
    주(九奏)와 만무(萬舞) 소리가 마음을 감동시켰다."라고 하였다는 고사가 전한다. 『사
    기』「조세가(趙世家)」에 나온다.

60 두보(杜甫)의 〈봉화가지사인조조대명궁(奉和賈至舍人早朝大明宮)〉에 "조회 파하면 향
    연을 소매 가득 끌어오고, 시 이루니 주옥이 붓 휘두르는 데 있어라.[朝罷香煙携滿袖,
    詩成珠玉在揮毫.]"라고 나온다.

채추밀의 '맹하 아침에 서부에서의 일을 쓰다' 시에 화운하다
和蔡樞密孟夏旦日西府書事

궁궐에 비 개어 여름 기운 넉넉한데

보배로운 수레의 바퀴가 태자의 동조(東朝)에 모였네.

중륜(重輪)의 경사는 밝음에 붙음에서 발하고[61]

내양(內壤)은 풀어주는 은택을 음으로 따라 해소되네.[62]

외정(外廷)의 사비(賜篚)는 비단 무늬 화려하고

궁궐의 연포(燕庖)에는 땔나무 끊이지 않네.

끊임없이 들어와 축하하니 군주의 뜻을 알겠어라

지척에서 위안(威顏)을 뵈니 하늘처럼 멀지 않네.[63]

宮闕初晴氣象饒, 寶車攢轂會東朝。

重輪慶自離明發, 內壤陰隨解澤消。

賜篚外廷紛錦繡, 燕庖中禁續薪樵。

---

61 중륜(重輪)은 이벽의 주에 "한 명제(漢明帝)가 태자가 되자, 악공(樂工)이 '일중광(日重
光)', '월중륜(月重輪)', '성중휘(星重輝)', '해중윤(海重潤)'의 4장의 시를 지어 올렸다."
라고 하였다. 리명(離明)은 『주역』「이괘(離卦)·단사」에 "이는 붙음이다. 일월은 하늘
에 붙어 있고, 백곡과 초목은 땅에 붙어 있으니, 거듭 밝음으로 바름에 붙어서 천하를
교화하여 이룬다.[離, 麗也. 日月麗乎天, 百穀草木麗乎土, 重明以麗乎正, 乃化成天
下.]"라고 나온다.

62 내양(內壤)은 내상(內傷)의 뜻이다. 『춘추곡량전』 은공(隱公) 3년조에 "그날 일식이 있었
던 것은 어째서인가. 토해내는 것은 외양(外壤)이고 먹는 것은 내양(內壤)이다.[其日有食
之何也? 吐者外壤, 食者內壤.]"라고 나온다. 범녕(范寧)의 주에 "무릇 토해 나오는 것은
그 상함이 바깥에 있고 삼켜 넘기는 것은 그 상함이 안에 있다."라고 하였다. 해택(解澤)은
『주역』「해괘(解卦)·상전(象傳)」에 "뇌우가 일어나는 것이 해(解)이니 군자가 이를 본받
아 허물과 죄를 관대히 용서한다.[雷雨作解. 君子以, 赦過宥罪]"라고 나온다.

63 『춘추좌전』 희공(僖公) 9년 조에 "천자의 위엄이 나의 얼굴에서 지척도 떨어져 있지
않다.[天威不違顏咫尺.]"이라고 나온다. 천자가 지척에 있으므로 예를 다하여 공경함
을 말한다. '불격소(不隔霄)'는 고황(顧況)의 시에 "나는 하늘에 오르려 하나 하늘은
멀리 떨어져 있네[我欲升天天隔霄]"라고 나온다.

聯翩入賀知君意, 咫尺威顔不隔霄。

채부추의 '하평융경첩' 시에 화운하다
和蔡副樞賀平戎慶捷

두 변방의 성곽을 점거하던 명왕(名王)들이[64]
진군 하루 전에 항복 깃발 보냈지.
강족의 병사들이 이로부터 전전(傳箭)하지 않고[65]
한나라 갑옷은 이제 갑옷집에서 풀려나오지 않네.[66]
막부에서 공을 올리니 옛 공훈과 이어지고
조정에서 칭경(稱慶)하니 새로운 의식 갖추었네.
주나라 황실의 도가 태평하니 서융이 곤궁에 빠져
시인이 관이(串夷)를 노래하는 것을 다시 보겠네.[67]
城郭名王據兩陲, 軍前一日送降旗。
羌兵自此無傳箭, 漢甲如今不解累。

---

64 명왕(名王)은 오랑캐의 우두머리 중에서 이름이 높은 사람을 말한다.
65 전전(傳箭)은 옛날에 전쟁을 할 때 화살을 쏘아서 호령(號令)을 전달했던 것을 말한다.
   두보의 〈투증가서개부한(投贈哥舒開府翰)〉 시에 "청해엔 화살을 전할 필요가 없고, 천
   산엔 일찍 활을 걸어 놓았네.[靑海無傳箭, 天山早掛弓.]"라고 나온다. 전쟁이 끝나고
   평화로운 세상이 된 것을 말한다.
66 『국어』「제어(齊語)」에 "제후들의 갑옷은 갑옷집에서 풀려나오지 않았고, 무기들은 무
   기집에서 풀려나지 않았으며, 활집의 활은 쓰일 날이 없었고, 전대(箭袋)의 화살도 쓰
   일 날이 없는 채, 전쟁의 일은 사라지고, 문치(文治)의 교화가 행하여졌다.[諸侯甲不解
   橐, 兵不解翳, 弢無弓, 服無矢, 隱武事, 行文道.]"라고 나온다.
67 『시경』「대아 · 황의(皇矣)」에 태왕이 기주(岐周)로 천도한 일을 노래하여 "상제가 명덕
   의 군주를 옮긴지라, 곤이가 길 가득히 도망가거늘, 하늘이 그 배필을 세우시니, 천명을
   받음이 이미 견고하시도다.[帝遷明德, 串夷載路. 天立厥配, 受命旣固.]"라고 나온다.

幕府上功聯舊伐, 朝廷稱慶具新儀。
周家道泰西戎喙, 還見詩人詠串夷。

원후지의 '평융경첩' 시에 차운하다
次韻元厚之平戎慶捷

조정이 오늘에 사방 오랑캐에 공을 세우니
먼저 회유하여 부르고 나중에 쳐서 멸망시켰네.[68]
호땅의 말과 소가 농저(隴底)로 돌아오고
한나라 사람의 연기가 황중(湟中)에서 일어났지.
창을 내려놓고 다시 유학의 육예(六藝)를 강론하고[69]
투구를 벗고 다투어 장군의 풍모로 달려나갔네[70]
문무로 보좌할 때 길보에게 부끄러웠더니
선왕이 정벌하여 스스로 큰 공을 올렸네.[71]

---

68 『춘추좌전』 희공(僖公) 7년조에 "신이 듣건대 '이반(離反)한 나라를 예(禮)로 부르고 원방(遠方)의 나라를 덕(德)으로 회유(懷柔)한다.'라고 합니다.[臣聞之, 招攜以禮, 懷遠以德.]"라고 나온다. 또한 『서경』 「강고」에 "하늘이 크게 문왕에게 명하여 은나라를 쳐서 멸하게 하셨다.[天乃大命文王, 殪戎殷]"라고 나온다.

69 후한의 번준(樊準)이 군웅이 할거하여 늘 전쟁이 일어나는 상황에서도 "창을 내려놓고 문예를 강론하며, 군마를 쉬게 하고 도를 논하였다.[投戈講藝, 息馬論道.]"라고 하는 고사가 전한다. 『후한서』 「번준전(樊準傳)」에 나온다.

70 『춘추좌전』 성공(成公) 16년 조에 "극지(郤至)가 세 번 초왕(楚王)의 군졸을 만났는데 초왕을 보면 반드시 수레에서 내려 투구를 벗고 추풍했다.[郤至三遇楚子之卒, 見楚子, 必下, 免胄而趨風.]"이라고 나온다.

71 『시경』 「소아(小雅)·유월(六月)」에 "잠깐 험윤을 쳐서, 태원에 이르렀으니, 문무를 겸비한 길보여, 만방이 법으로 삼도다.[薄伐玁狁, 至于大原. 文武吉甫, 萬邦爲憲.]"라고 나오고, 또 "잠깐 오랑캐를 정벌하여 큰 공을 올리도다.[薄伐玁狁, 以奏膚公.]"라고 나온다. 부공(膚公)은 큰 공을 말한다.

朝廷今日四夷功, 先以招懷後殄戎。
胡地馬牛歸隴底, 漢人煙火起湟中。
投戈更講諸儒藝, 免冑爭趨上將風。
文武佐時慚吉甫, 宣王征伐自膚公。

계성사에서 환내함을 축하하다
賀自啓聖還內

원묘에 의관을 가지고 출유함은 한나라의 의례니[72]
우위(羽衛)의 의장이 친히 오는 것은 이때의 일.
천자가 상로(霜露)의 느낌을 품으니[73]
도성의 백성들 또한 고소(鼓簫)의 슬픔을 탄식하네.[74]
분분한 상서로운 기운이 은하수를 따르고
무성한 영광이 일기(日旗)를 따라 오르네.
진토가 아직 놀라지 않아 여염집 문 닫혀 있고
들쑥날쑥한 푸른 괴나무 그림자 공연히 덮여 있었지.[75]

---

72 『한서』「숙손통전(叔孫通傳)」에 "바라건대 폐하께서 원묘를 위수 북쪽에 만들고 매월
   고제의 의관을 가지고 이곳으로 출유하시고, 종묘를 더욱 확장하시는 것이 큰 효도의
   길입니다.[願陛下爲原廟渭北, 衣冠月出遊之, 益廣宗廟, 大孝之本.]"라고 나온다.
73 상로(霜露)의 느낌은 돌아가신 부모를 그리워하는 마음을 말한다. 『예기(禮記)』「제의
   (祭義)」에 "가을에 서리와 이슬이 내리면 군자가 그것을 밟고서 반드시 슬픈 마음이
   생기니, 이는 날이 추워져 그런 것이 아니다. 또 봄에 비와 이슬이 내려 땅이 축축해지
   면 군자가 그것을 밟고서 반드시 두려운 마음이 생기기를 마치 죽은 부모를 곧 만날
   것 같은 생각이 들게 된다.[霜露旣降, 君子履之, 必有悽愴之心, 非其寒之謂也. 春雨露
   旣濡, 君子履之, 必有怵惕之心, 如將見之.]"라고 나온다.
74 이벽의 주에 "고소(鼓簫)의 소리는 슬프니, 또한 평일과 다름을 말한 것이다."라고 하였다.
75 당(唐)나라 왕유(王維)가 왕찬의 〈등루부(登樓賦)〉를 모방하여 지은 「등루가(登樓歌)」

衣冠原廟漢家儀, 羽衛親來此一時.
天子當懷霜露感, 都人亦歎鼓簫悲.
紛紛瑞氣隨雲漢, 漠漠榮光上日旗.
塵土未驚閶闔閉, 綠槐空覆影參差.

화보가 상원관 초례를 파하고 부쳐온 시에 화답하다
酬和甫祥源觀醮罷見寄

사관(祠官)의 관록을 오랫동안 용납 받아
매번 금석에 임금의 마음 올렸네.
균천의 음악이 홀홀이 나오니 청도(淸都)의 꿈이고[76]
방장주(方丈洲)에는 쓸쓸히 약수(弱水)의 바람 불어오네.
인의(人意) 바깥에서 좋은 인연 맺을 줄 알겠으니
말 발굽 안에서 묵은 자취 찾으려 하네.
초연(超然)이 흥 일어 새로운 시 나오니
종산(鍾山)에서 혜초 장막 비어 있음에 다시금 느끼네.[77]

竊祿祠官久見容, 每持金石薦宸衷.

에 "그대 높은 누각에 올랐을 제, 높다란 기와집들 아래에 즐비하고, 열두 갈래 통한
거리 굽어보매, 들쭉날쭉 푸른 괴나무 새로 거마가 왕래했었지.[聊上君兮高樓, 飛甍鱗
次兮在下. 俯十二兮通衢, 綠槐參差兮車馬.]"라고 하였다.

76　청도(淸都)는 천제(天帝)가 사는 궁궐을 말한다. 『열자』「주목왕(周穆王)」에 "청도와
자미, 균천과 광악은 상제가 거처하는 곳이다.[淸都紫微, 鈞天廣樂, 帝之所居.]"라고
나온다.

77　공치규(孔稚圭)의 〈북산이문(北山移文)〉에 "혜장(蕙帳)이 텅 비어 밤 학이 원망하고,
산인(山人)이 떠나가서 새벽 원숭이가 놀란다.[蕙帳空兮夜鶴怨, 山人去兮曉猿驚.]"라
고 나온다. 원숭이와 학은 고향에 은거할 때 벗으로 삼은 동물을 말한다.

釣天忽忽淸都夢, 方丈寥寥弱水風。
知結勝緣人意外, 想尋陳跡馬蹄中。
新詩起我超然興, 更感鍾山蕙帳空。

어제 '상화조어' 시에 화운하다
和御製賞花釣魚

그늘 휘장에 맑은 구름이 새벽을 떨쳐 여니
천자의 의장이 구중 궁궐에서 나온다고 전호(傳呼)하네.
피향전에 천자의 수레 머물러 두고
태액지 가에서 옥술잔을 띄워보내네.
잠든 꽃은 따스함 머금어 바람에 흔들리고
노니는 물고기는 햇살 맑은 물에서 종일 배회하네.
천자의 시문이 홀로 봄과 아름다움을 다투는데
은혜로이 갱재를 윤허하시니 어찌 모시기 쉬우리.
蔭幄晴雲拂曉開, 傳呼仙仗九天來。
披香殿上留朱輦, 太液池邊送玉杯。
宿蕊暖含風浩蕩, 戲鱗淸映日徘徊。
宸章獨與春爭麗, 恩許賡歌豈易陪。

상스러운 구름 뭉게뭉게 올라 연로(輦路) 화창한데
만세 소리 봄 소리와 뒤섞여 들려오네.
궁의 꽃 빽빽하여 옥장(玉仗)을 가리고
어수(御水)는 맑아 금구(金溝)에서 환히 빛나네.
구슬 같은 꽃은 바람 맞아 천하는 따뜻하고

비단 같은 물고기는 바람에 물결 일어 햇빛 아래 환하네.
단란히 술 마시니 참으로 영예로운 지우(知遇)라
남유가어(南有嘉魚)를 노래하여 태평을 칭송하고자 하네.[78]

靄靄祥雲輦路晴, 傳呼萬歲雜春聲。
蔽虧玉仗宮花密, 映燭金溝御水淸。
珠蕊受風天下暖, 錦鱗吹浪日邊明。
從容樂飮眞榮遇, 願賦嘉魚頌太平。

후전의 조차에서 우연히 쓰다
後殿朝次偶題

백년의 문물에 선비들이 유유자적하니
만국이 바야흐로 깃발에 드리운 술과 같구나.[79]
동당(東堂)에서 책제(策題) 내어 준걸들을 초대하고[80]

---

78 『시경』「소아(小雅)‧남유가어(南有嘉魚)」는 “남녘 강물에 가어가 있으니, 수많은 통발
로 잡아내도다. 군자가 술이 있으니, 훌륭한 손님과 잔치하여 즐기도다.[南有嘉魚, 烝
然罩罩. 君子有酒, 嘉賓式燕以樂.]”라고 한 것과 같이 훌륭한 군주와 현명한 신하가
연회를 열어 함께 기뻐함을 노래한 시이다.

79 『시경』「상송(商頌)‧장발(長發)」에 “작은 옥과 큰 옥을 받으사, 하국의 깃대가 되어,
하늘의 아름다움을 받으셨도다.[受小球大球, 爲下國綴旒, 何天之休.]”라고 나온다. 정
현의 주에 “철(綴)은 ‘결(結)’과 같고 류(旒)는 깃발에 드리운 술이다. 휴(休)는 아름다움
이다. 탕왕(湯王)이 이미 하늘의 명을 받아 작은 옥을 받았으니 한 자 두 치의 규(圭)이
다. 큰 옥을 받았다는 것은 정(珽)을 이르니, 그 길이가 석 자이다. 두 손으로 규(圭)를
잡고 허리에는 정(珽)을 꽂고서 제후와 회동하여 그들의 마음을 결집시키기를 마치
깃발에 드리운 술들이 깃발에 붙어 있는 것처럼 한 것이다.[綴, 猶結也. 旒, 旌旗之垂者
也. 休, 美也. 湯旣爲天所命, 則受小玉, 謂尺二寸圭也. 受大玉, 謂珽也, 長三尺. 執圭搢
珽, 以與諸侯會同, 結定其心, 如旌旗之旒縿著焉.]”라고 하였다.

80 이벽의 주에 “동당은 천자가 임행(臨幸)하여 신하들을 접견하던 곳이다.”라고 하였다.

북원(北苑)으로 수레 돌려 창우(倡優)를 파하는도다.

홀연 여러 선비들을 따라 용미도(龍尾道)에 오르니[81]

당시 곡두(鵠頭)에 응하였던 일 여전히 생각나네.[82]

천자의 청광을 바라볼 뿐 보답하지 못하니

태관의 음식 헛되이 먹은 것 다시 부끄럽네.[83]

百年文物士優遊, 萬國今方似綴旒。

發策東堂招俊乂, 回輿北苑罷倡優。

忽隨諸彦登龍尾, 尚憶當年應鵠頭。

獨望淸光無補報, 更慚虛食太官羞。

어구
御溝

아득한 금하(金河)에 물이 불어 넘치려 하고

몇 갈래 파란 물살 나뉘어 청명절을 알리네.

물결은 늘 연로(輦路)를 빙 둘러 꽃잎 띄워 보내는데

흐르는 술잔 다시 끌어다 술 담아 보내네.

수풀로 뚫고 가는 금빛 가마 그림자 고요히 보이고

담장 넘어오는 옥 누각 소리 맑게 머금고 있네.

---

81 용미도(龍尾道)는 당대(唐代) 함원전(含元殿) 앞의 용도(甬道)이다. 위에서 아래를 바라보면 완연히 용의 꼬리가 아래로 드리운 것과 같아 이름 붙여졌다.

82 곡두(鵠頭)는 서체의 이름으로, 진(晉)나라 때 왕문도(王文度)에게 곡두서체로 쓴 조판(詔板)을 내렸던 고사가 있다. 전하여 현자를 초빙할 때의 조서(詔書)를 가리킨다.

83 『한서』「백관표(百官表)」에 "태관(太官)은 소부(少府)에 속하는데 선식(膳食)을 담당한다."라고 나온다.

쇠잔한 얼굴 한번 비추니 온갖 감회 서리는데
고개 돌려보니 강남에는 봄물 가득 불었겠네.

渺渺金河漲欲平, 數支分綠報淸明。

常縈輦路漂花去, 更引流杯送酒行。

靜見金輿穿樹影, 淸含玉漏過墻聲。

衰顔一照自多感, 回首江南春水生。

막차에서 한수 가의 옛 거처를 추억하다
幕次憶漢上舊居

한수(漢水)는 넓디넓어 봉림(鳳林)을 둘렀고
현산(峴山)의 남쪽 길은 흰 구름 깊어라.
어찌하여 나라 걱정에 집안 잊어야 할 날에
여전히 밭이나 구하고 집이나 묻는 마음 품으리.[84]
다만 문장으로 윤색에 이바지하여
풍월에 응하지 못하고 등림(登臨)을 저버렸네.
초연히 영화 버리고 다시 떠나고 싶지만

84 　구전문사(求田問舍)는 밭이나 구하고 집이나 묻는다는 뜻으로, 원대한 포부는 없이
　　가산(家産)이나 경영하고 일신의 안위나 걱정하는 생활을 말한다. 삼국 시대 위나라
　　진등(陳登)에게 허사(許氾)가 찾아왔을 때 진등이 그를 무시하고 대우를 하지 않자,
　　허사가 이에 불만을 품고는 "원룡은 호기가 아직도 남아 있다."라고 유비(劉備)에게
　　하소연을 하니, 유비가 "당신은 국사(國士)의 명성을 지닌 사람인 만큼 세상을 구할
　　생각을 해야 할 것인데, 그저 밭이나 구하고 집이나 묻는 등 취할 말이 없었으므로
　　원룡이 꺼린 것이다.[君求田問舍, 言無可采, 是元龍所諱也.]"라고 대답한 고사가 전한다.
　　원룡(元龍)은 진등(陳登)의 자이다. 『삼국지(三國志)』「위서(魏書)·진등전(陳登傳)」에
　　나온다.

도리어 원룡(元龍, 진등)에게 침해받을까 두렵네.

漢水泱泱繞鳳林, 峴山南路白雲深。

如何憂國忘家日, 尚有求田問舍心。

直以文章供潤色, 未應風月負登臨。

超然便欲遺榮去, 卻恐元龍會見侵。

상사일에 금원에서 음악 소리를 듣고 그 일을 적다
上巳聞苑中樂聲書事

금원(禁苑)에 누가 봄 유람 따라갔던가

점대(漸台)의 기와가 흐르듯 미끈했겠지.[85]

어수(御水)는 굽이 돌아 꽃 그림자 돌고

궁궐 구름은 낮게 둘러 음악 소리 머물렀네.

세월이 아직 청명절을 깨트리지 않았고

저물녘에 처음으로 불계(祓禊)의 배를 돌렸네.[86]

존대하신 분의 사려가 원대함을 다시금 깨달으니

창우가 졸렬하기 때문만은 아니리라.[87]

---

85 이벽의 주에 "『수경(水經)』에 '미앙궁(未央宮)의 점대는 창지(滄池) 가운데 있고 건장궁
    (建章宮)의 짐대는 태액지(太液池) 가운데 있다.'라고 나온다."라고 하였나.
86 불계(祓禊)는 삼월 상사절(上巳節)에 재액을 털어 버리기 위해 지내는 제사를 말한다.
87 『사기(史記)』「범수채택열전(范雎蔡澤列傳)」에 "전국 시대 진(秦)나라 소왕(昭王)이 범
    수(范雎)에게 "내가 듣건대 초나라는 쇠칼이 날카롭고 광대의 솜씨는 졸렬하다고 하였
    다. 쇠칼이 날카롭다면 군사들이 용맹스러운 것이요, 광대의 솜씨가 졸렬하다면 생각
    이 원대한 것이니, 초나라가 원대한 생각과 용맹스러운 군사들을 이끌고 우리 진나라
    를 도모할까 나는 두렵다.[吾聞楚之鐵劍利而倡優拙. 夫鐵劍利則士勇, 倡優拙則思慮
    遠. 夫以遠思慮而御勇士, 吾恐楚之圖秦也.]"라고 나온다.

苑中誰得從春遊, 想見漸台瓦欲流。
御水曲隨花影轉, 宮雲低繞樂聲留。
年華未破淸明節, 日暮初回祓禊舟。
更覺至尊思慮遠, 不應全爲拙倡優。

상정막차에서 성종과 낙도에게 올리다
詳定幕次呈聖從樂道

전각에서 인재 가려 등수를 다시 매기니
따르는 신하들이 오늘의 문화(文華)를 천단하네.
양웅(楊雄)의 식자(識字)는 따를 자 없고[88]
하손(何遜)의 능시(能詩)는 집안 내력이지.[89]
옛 덕에 마음 취하니 아름다운 술 마신 듯하고
새로운 편장에 눈 맑아지니 좋은 차보다 낫네.
술 한 잔 마시고 시 한 수 읊어 서로 즐거우니
이야기 전하면 훗날의 과시를 견딜 수 있겠네.[90]

---

88 한나라 때 문장가인 양웅(揚雄)은 고문(古文), 기자(奇字) 등을 많이 알아 유분(劉棻)
    등이 항상 그에게 가서 글자를 배우곤 했다고 전한다. 두보(杜甫)의 「취시가(醉時歌)」
    에 "사마상여는 뛰어난 재주로 친히 그릇을 씻었고, 양자운은 글자를 알아서 끝내 천록
    각에서 투신했지.[相如逸才親滌器, 子雲識字終投閣]"라고 나온다.

89 두보(杜甫)의 〈북린(北隣)〉에 "술을 좋아함은 진나라 산간이요, 시를 잘하기로는 하
    수조이네.[愛酒晉山簡, 能詩何水曹.]"라고 나온다. 수조(水曹)는 공조(工曹)로, 시명
    (詩名)이 높았던 남조(南朝)의 하손(何遜)이 수조랑(水曹郎)을 역임했기 때문에 하 수조
    라고 한 것이다.

90 왕희지의 〈난정기(蘭亭記)〉에 "비록 관현악의 성대함은 없으나, 술 한 잔을 마시고 시
    한 수를 읊는 것이 또한 그윽한 정을 펴기에 충분하다.[雖無絲竹管絃之盛, 一觴一詠,
    亦足以暢敍幽情.]"라고 나온다.

殿閣掄材覆等差, 從臣今日擅文華。

楊雄識字無人敵, 何遜能詩有世家。

舊德醉心如美酒, 新篇清目勝眞茶。

一觴一詠相從樂, 傳說猶堪異日誇。

숭정전 상정막차에서 우연히 짓다
崇政殿詳定幕次偶題

아리따운 구름 뭉게뭉게 피어올라 높은 난간 감싸고

봄 개울 콸콸 흘러 수원 보이지 않네.

금원(禁苑)의 버드나무 일만 가지는 금실을 꼬은 듯하고

궁궐에 핀 꽃들은 새로 짠 비단처럼 나풀거리네.

몸 한가로우니 봄 음악 이제사 다시금 알겠고

땅 넓으니 세상의 시끄러움 피한 것과 다름없어라.

얼음을 옥 쟁반에 쏟지 않아도 한스럽지 않으니[91]

하루 종일 청담 나누니 번뇌 절로 사라지네.

嬌雲漠漠護層軒, 嫩水濺濺不見源。

禁柳萬條金細撚, 宮花一段錦新翻。

身閑始更知春樂, 地廣還同避世喧。

不恨玉盤冰未賜, 清談終日自鑼煩。

---

91 백거이(白居易)의 〈오현탄(五絃彈)〉에 금(琴)을 연주하는 소리를 형용하여 "쇠로 산호
   치듯 하는 한두 곡이요, 얼음을 옥쟁반에 쏟듯 하는 천만 소리로다.[鐵擊珊瑚一兩曲,
   冰寫玉盤千萬聲.]"라고 하였다.

상정시권
詳定試卷

어릴 적 부(賦) 짓는 공교로움 늘 자랑했는데
모년에 양웅(楊雄)이 있음이 부끄러웠네.[92]
당시 창우(倡優)들에게 비단을 내렸더니
오늘은 장상(將相)들의 문재를 논하네.[93]
너무 세심한 객경(客卿)이 필묵에 인하는 것은[94]
『이아』에 물고기와 벌레 주석 다는 것보다 비천하네.[95]
한나라의 고사는 참으로 마땅히 고쳐야 하니
새로 시 지어 그대가 약옹(弱翁)보다 나음을 노래하네.[96]

童子常誇作賦工, 暮年羞悔有楊雄.

當時賜帛倡優等, 今日論才將相中.

---

92 한(漢)나라 양웅(楊雄)의 『법언(法言)』「오자(吾子)」에 "어떤 사람이 '그대가 젊어서 부를 좋아하였는가.'라고 묻자, 양웅이 '그렇다. 동자 시절에 조충전각과 같은 일이었다.'라고 하고, 잠시 뒤에 다시 '장부가 할 일이 아니다.'[或問, '吾子少而好賦?' 曰, '然. 童子雕蟲篆刻.' 俄而曰, '壯夫不爲也.']"라고 나온다. 이벽의 주에 "8년 후 희녕 3년에 처음으로 거인(擧人)을 책(策)으로 시험보이니, 공의 본디 의론이었다."라고 하였다.

93 이벽의 주에 "당나라 사람들은 진사를 장상과(將相科)라고 불렀다."라고 하였다.

94 한(漢)나라 양웅(楊雄)의 〈장양부(長楊賦)〉 서문(序文)에 "붓과 먹으로 문장을 이루기 때문에, 한림 즉 붓으로 주인을 삼고, 자묵 즉 먹으로 객경을 삼아서 풍자하였다.[聊因筆墨之成文章, 故藉翰林以爲主人, 子墨爲客卿以風.]"라고 나온다.

95 한유(韓愈)의 〈독황보식공안원지시서기후(讀皇甫湜公安園池詩書其後)〉에 "『이아』에 벌레와 물고기에 주석 다는 것은, 진정 호방한 사람이 아니네.[爾雅注蟲魚, 定非磊落人.]"라고 나온다.

96 이벽의 주에 "『한서』「위상전(魏相傳)」에 '엎드려 보건대 선제(先帝)의 성덕(聖德)을 신상(臣相)은 이루다 진술하지 못하니, 죽음을 무릅쓰고 고사(故事) 조서(詔書) 23가지 일을 상주합니다.'라고 하였다. 공은 시부(詩賦)로 선비를 취하는 것을 옳지 않게 여겨 과거의 법을 고치고자 하였으므로 위상(魏相)이 고사를 상주한 것을 취하지 않았다. 희녕 초에 정사를 전담함에 미쳐 마침내 거인(擧人)들을 책(策)으로 시험보일 것을 건의하였다."라고 나온다.

細甚客卿因筆墨, 卑於爾雅注魚蟲。

漢家故事眞當改, 新詠知君勝弱翁。

양낙도에게 삼가 화운하다
奉酬楊樂道

전각의 봄에서 해후하여 옷자락 나란히 하니

이제 곧 쉬이 헤어질 일 도리어 시름겹네.[97]

서로 알아줌은 꼭 서로 알지 않아도 괜찮으니[98]

오늘 만나보니 소문보다 훌륭한 분.

근대의 명성이 노조린과 낙빈왕보다 낫고[99]

전조의 필묵은 왕포와 양웅을 세지.[100]

---

97 이군(離群)은 이군삭거(離群索居)의 준말로, 벗들을 떠나 홀로 외롭게 지냄을 뜻한다. 공자의 제자 자하(子夏)가 서하(西河)에 은둔하며 지내다가 아들을 잃고 너무 슬퍼하여 실명하였는데, 증자(曾子)가 문병 와서 자하의 잘못을 낱낱이 따지자 자하가 자책하며 말하기를, "내가 지나쳤다, 내가 지나쳤다. 내가 벗들을 떠나 홀로 외롭게 지낸 지가 너무 오래되었다.[吾過矣, 吾過矣! 吾離群而索居, 亦已久矣.]"라고 하였다. 『예기』「단궁상(檀弓上)」에 나온다.

98 "한유의 〈답양자서(答楊子書)〉에 '그러므로 서로 만나기를 기다리지 않고도 그대에 대한 믿음이 이미 깊었고, 그대를 만난 뒤에는 우정을 변치 말자고 약속하지 않았어도 이미 친밀해졌다.[故不待相見, 相信已熟. 旣相見, 不要約已相親.]'라고 나온다."

99 왕발(王勃), 양형(楊炯), 노조린(盧照隣), 낙빈왕(駱賓王)이 문사(文詞)로 이름을 나란히 하였으므로 세상에서 왕양노락(王楊盧駱)이라고 부르고 사걸(四傑)이라고 칭하였는데, 양형이 이 말을 듣고는 "노조린의 앞에 있기는 쑥스럽고, 왕발의 뒤에 있기는 수치스럽다.[吾愧在盧前, 恥居王後.]"라고 하였다. 『구당서』「문원열전(文苑列傳)·양형(楊炯)」에 나온다.

100 이벽의 주에 "연운(淵雲)은 왕포(王襃)와 양웅(揚雄)을 말한다. 공이 양낙도와 더불어 가세(家世)가 왕포와 양웅에서 유래함을 스스로 말한 것이다."라고 하였다.

공과는 집안 대대로 유래가 있거늘
나는 백분의 일에도 못 미침이 부끄러워라.

邂逅聯裾殿閣春, 卻愁容易卽離群.

相知不必因相識, 所得如今過所聞.

近代聲名出廬駱, 前朝筆墨數淵雲.

與公家世由來事, 愧我初無百一分.

성종의 대제에 삼가 화운하다
奉酬聖從待制

조정 반열에서 서로 헛되게 마주한 세월 많으니
용문을 감히 지나칠 수 없음을 알겠어라.[101]
화합함은 성인에 가까워 유하혜를 스승 삼고[102]
용맹함은 군자여서 형가를 도적으로 보네.[103]
부모님의 삼도(三刀) 꿈이 예전에 들어맞으니[104]

---

101 『후한서』「당고전(黨錮傳)·이응(李膺)」에 "이응(李膺)이 홀로 고아한 풍도(風度)를 지니고 있어 성망(聲望)이 스스로 높았으므로, 선비들 중 그의 접대를 받은 자가 있으면 용문(龍門)에 올랐다고 했다."라고 나온다.

102 『맹자』「만장하(萬章下)」에 "백이는 성인 가운데 맑은 분이고, 이윤은 성인 가운데 자임한 분이고, 유하혜는 성인 가운데 화합한 분이고, 공자는 성인 가운데 시중을 한 분이다.[伯夷聖之淸者也, 伊尹聖之任者也, 柳下惠聖之和者也, 孔子聖之時者也.]"라고 나온다.

103 『양자법언』에 "누군가 용(勇)을 묻자 가(軻)라고 대답했다. 어느 가(軻)인가라고 묻자 '가(軻)는 맹가(孟軻)이니 형가(荊軻)는 군자가 도적으로 본다[或問勇, 曰軻也. 曰何軻也. 曰軻也者, 謂孟軻也. 若荊軻, 君子盜諸.]"라고 나온다.

104 진(晉)나라 때 왕준(王濬)이 꿈속에서 세 자루의 칼이 천정의 들보에 걸려 있는데 또 그 위에 칼 한 자루가 더 얹히는 것을 보았다. 이의(李毅)가 축하하며 해몽하기를 "칼 세 자루[三刀]는 고을 주(州) 자가 되고 그 위에 칼 한 자루도 더 보태어졌으니 익주(益

오고(五袴)의 노래가 지금 마을 거리에 전하네.[105]

간언의 글이 상자에 가득했다고 다시 말하니[106]

시구가 음갱(陰鏗) 하손(何遜)과 같을 뿐 아니네.[107]

班行想望歲空多, 知有龍門未敢過.

和近聖人師展季, 勇爲君子盜荊軻.

三刀舊協庭闈夢, 五袴今傳里巷歌.

復道諫書嘗滿篋, 不唯詩句似陰何.

州)로 부임하게 될 것이다.”라고 하였는데 과연 그 말대로 되었다고 한다. 『진서(晉書)』 「왕준전(王濬傳)」에 나온다.

105 『후한서』 「염범전(廉范傳)」에 “성도(城都)에 백성들이 매우 많아 집들이 밀집해 있으므로 백성들에게 야간에 일을 못 하게 하여 화재를 예방하였다. 그런데 서로 숨어 불을 지피는 바람에 날마다 불이 났다. 염범이 종전의 법을 삭제하고 물만 비축하도록 하니, 백성들이 편리하게 여겨 노래하기를 ‘염숙도는 왜 그리 늦게 왔는가. 불을 금하지 않으니, 백성이 편안히 일할 수 있네. 평생 동안 저고리가 없더니, 지금 바지 다섯 벌이 있다네.[廉叔度, 來何暮. 不禁火, 民安作. 平生無襦, 今五袴.]’라고 하였다.”라고 나온다.

106 전국 시대 위(魏)나라 문후(文侯)가 장군 악양(樂羊)에게 중산(中山)을 공격하도록 명하였는데, 3년 만에 승리를 거두고 돌아오자 문후가 그동안 신하들이 악양을 비방하고 참소한 글이 가득 담긴 상자를 보여 주었다. 이에 악양은 간신들의 모함에도 불구하고 자신을 신임해 준 것을 알고 문후에게 공을 돌리며 말하기를 “이빈의 공로는 신의 공이 아니라 주군(主君)의 힘이었습니다.”라고 하였다고 한다. 이벽의 주에 “서종이 간관(諫官)이 되어 권신들을 치는 데 가장 힘을 쏟았으므로 이렇게 말한 것이지 시가 좋을 뿐만이 아니다.”라고 하였다.

107 두보(杜甫)의 〈여이십이백동심범십은거(與李十二白同尋范十隱居)〉에 “이후의 아름다운 시구는, 이따금 음갱의 시와 비슷하네.[李侯有佳句, 往往似陰鏗.]”라고 나온다. 이후는 이백(李白)을 가리키고, 음갱(陰鏗)은 전오대(前五代) 진(陳)나라의 시인으로, 오언시에 특히 뛰어났다고 한다.

오중서의 시 '성중화벽'에 차운하다
次韻吳仲庶省中畫壁

화가가 비록 고개지(顧愷之)는 아니지만
벽 가득히 창주(滄洲)를 그릴 수 있지.[108]
경락(京洛)의 큰길에는 바람이 모래땅 위로 불어오고
한 조각 강호(江湖)에는 초목에 가을이 들었네.
줄 지어 가는 피라미는 손님과 함께 즐겁고[109]
관리는 누워서 갈매기 바라보며 편안하구나.
그대가 진정 편주의 뜻이 있으나[110]
그림 때문에 조금 더 머무르려는 줄 알겠노라.[111]

畫史雖非顧虎頭, 還能滿壁寫滄洲。

九衢京洛風沙地, 一片江湖草樹秋。

行數鯈魚賓共樂, 臥看鷗鳥吏方休。

知君定有扁舟意, 卻爲丹靑肯少留。

---

108 두보의 〈제현무선사옥벽(題玄武禪師屋壁)〉에 "언제였던가 고개지가, 벽에 가득 창주
그렸던 것이[詩何年顧虎頭, 滿壁寫滄洲.]"라고 나온다.

109 『장자』 「추수(秋水)에 "장자가 말하기를 '피라미가 나와서 조용히 노니, 이것이 물고기
의 즐거움일세.'[鯈魚出游從容, 是魚樂也.]"라고 나온다.

110 범려(范蠡)가 회계(會稽)의 치욕을 씻은 뒤에 편주(扁舟)를 타고 강호를 유람했다는
고사가 전한다. 『사기』 「화식전(貨殖傳)」에 나온다.

111 이벽의 주에 "벽 위에 그린 그림을 애호하여 외천(外遷)의 뜻을 구하기를 조금 늦춘
것이다."라고 하였다.

조택지의 '등자미각' 시에 차운하다
次韻祖擇之登紫薇閣

짙은 가을 그늘이 액원(掖垣)을 감싸니

푸른 구름이 두 기둥 사이로 보이네.

계인(雞人)은 새벽 궁루(宮樓)의 창(唱) 파하고[112]

아침에 문궐(門闕)로 돌아가니 호사(虎士)는 한가롭다.[113]

북쪽으로 천제의 자리에 화개 덮인 것 바라보고[114]

동쪽으로 도가의 봉래산을 상상하네.[115]

여러 선비들 오랫동안 추수(追隨)한 것 부끄러우니

문채가 애초에 표범의 한 점 무늬도 없기에.[116]

漠漠秋陰護掖垣, 靑雲只在兩楹間.

宮樓唱罷雞人曉, 門闕朝歸虎士閑.

---

112 계인(雞人)은 주(周)나라 때에 새벽을 알려주던 관직이다. 대제사(大祭祀)를 관장하여
밤에 닭울음을 하여 백관을 깨웠다.

113 『주례』에 호분씨(虎賁氏)는 호사(虎士) 8백 인이라고 나오고, 또『주례』「하관(夏官)」
에 "호분씨는 왕의 앞뒤에서 호위를 하며 대오를 지어 쫓아가고, 왕이 밖에 나가 머무를
때에는 왕한(王閑)을 지키고, 왕이 도성 안에 있을 때에는 왕궁을 지킨다. 나라에 큰
변고가 있을 때에는 궁궐의 문을 지킨다.[掌先後王而趨以卒伍, 軍旅會同, 亦如之. 舍則
守王閑, 王在國則守王宮. 國有大故, 則守王門]"라고 나온다.

114 『진서(晉書)』「천문지(天文志)」에 "천황대제 위에 아홉 개의 별을 화개(華蓋)라 하니,
대제의 자리를 덮어 가리는 것이다.[天皇大帝上九星曰華蓋, 所以蔽覆大帝之座.]"라고
나온다.

115 『후한서』「두장전(竇章傳)」에 "학자(學者)들이 동관(東觀)을 노자의 장서실[老氏藏書
室], 도가의 봉래산[道家蓬萊山]에 비하였다."라고 나온다.

116 진(晉)나라 왕희지(王羲之)의 아들 왕헌지(王獻之)가 어렸을 적에 한번은 자기 부친의
문생(門生)들끼리 노름하는 것을 구경하다가 승부가 판가름 나는 것을 보고는 "남방의
노래는 활기가 없다.[南風不競]"라고 하자, 한 문생이 왕헌지를 보고 말하기를 "이 아이
도 대롱 구멍으로 표범을 엿보아 때로 한 점의 무늬만을 볼 뿐이다.[此郞亦管中窺豹,
時見一斑.]"라고 한 고사가 전한다. 『진서(晉書)』「왕헌지전(王獻之傳)」에 나온다.

華蓋北瞻天帝座, 蓬萊東想道家山。
卻慚久此隨諸彦, 文采初無豹一斑。

송 왕형공 이체시초 권2

양천 허균 단보씨(端甫氏) 선(選)

조택지의 '등자미각' 시에 차운하다
次韻祖擇之登紫薇閣

액문(掖門) 서로 마주하여 동 고리 높고
높디 높은 나는 듯한 용마루 그 사이에 있네.
평생 태평을 윤색하여 이곳이 금지(禁地)임을 알았거니와
오늘 누각에 오르니 이 몸 한가함이 부끄러워라.
떠가는 구름 거꾸로 투영되어 창 틈으로 옮겨가고
낙엽은 바람에 빙빙 돌아 산방을 맴도네.
처음 왔을 때 가을이 일렀던 일 홀연 기억나나니
자미화에 초록 이끼 점철되어 있었지.

掖門相對敞銅鐶, 轞轞飛甍在兩間。
潤色平生知地禁, 登臨此日愧身閑。
浮雲倒影移窗隙, 落木回飆動屋山。
忽憶初來秋尙早, 紫微花點綠苔斑。

영제에서 도중에 여러 구제에게 부친다
永濟道中寄諸舅弟

등화 홀홀히 관도(館陶)[1]에서 나오고
영제(永濟)를 돌아보니 해가 막 높았어라.
빈집에서 까마귀 즐거워하는 소리 들리는 듯하니
거친 비탈에서 사람과 말이 수고로움을 더욱 알겠어라.
나그네 길 세월은 참으로 버려진 것이라
변새에서 맞는 봄바람 그저 쓸쓸하기만.
오당(烏塘)[2] 끄트머리 목련 나무 아래서
언제나 너희들 만나 악수할 수 있을지.

燈火忽忽出館陶, 回看永濟日初高。
似聞空舍烏鳥樂, 更覺荒陂人馬勞。
客路光陰眞棄置, 春風邊塞祇蕭騷。
辛夷樹下烏塘尾, 把手何時得汝曹。

상주에 머무르며
將次相州

청산은 물결처럼 장주(漳州)로 들어가니
동작대 서쪽에는 여덟 아홉 구릉만.
땅강아지 빈 밭이랑을 왔다 갔다 하니

---

1 이백의 주에 "관도(館陶)와 영제(永濟)는 관도 위군(魏郡)의 속읍으로 지금의 대명부(大名府) 북경(北京)이다."라고 하였다.
2 이백의 주에 "오당은 무주(撫州)에 있다."라고 하였다.

기린이 매몰된 것이 몇 세월인지.

공명이 세상을 덮은 이 누구였는가

천자를 되돌린 기력도 여기 이르러 멈추었어라.

어찌 꼭 땅속에 옛 물건 남아두리오

위공(魏公) 형제들은 의복을 나누어 가졌지.[3]

青山如浪入漳州, 銅雀台西八九丘。

螻蟻往還空壟畝, 騏驎埋沒幾春秋。

功名蓋世知誰是, 氣力回天到此休。

何必地中餘故物, 魏公諸子分衣裘。

평보[4]의 '당공이 거란에서 돌아감을 기뻐하다' 시에 차운하다
次韻平甫喜唐公自契丹歸

유리(留犁)로 술 섞어 경계하는 마음 얻고[5]

수놓은 옷으로 기쁨을 통하여 세월 깊었네.[6]

이래로 사신 행차는 육가(陸賈)를 필요로 하니

---

3 『태평어람』 「유령(遺令)」에 "조공(曹公)이 말하기를 '내 남은 의복은 별도로 보관하되, 그러지 못하는 것은 형제들이 나누어 가져라.'라고 하였다."고 나온다.

4 평보는 왕안석의 아우 왕안국(王安國)의 자이다.

5 『한서』 「흉노전」에 "한나라 사신이 선우와 백마를 잡으니, 선우가 경로도(徑路刀)와 금류리(金留犁)를 가지고 술에 피를 섞었다."라고 나온다. 경로(徑路)는 흉노의 금도(金刀)이고 금류리(金留犁)는 숟가락이다.

6 『한서』 「흉노전」에 "한나라 사신이 선우에게 군사의 곤궁함을 말하고는 황제가 입던 수겁기의(繡袷綺衣), 수겁장유(繡袷長襦), 금겁포(錦袷袍)를 주었다."고 나온다. 겁 (袷)은 옷에 솜이 없는 것이고 수겁기의(繡袷綺衣)는 바깥에 수를 놓고 비단으로 안감을 쓴 것을 말한다.

어버이 떠나는 일 어찌 꼭 증삼을 강요할 필요 있으리.[7]
망 보던 연나라 사람들 구탈(甌脫)을 비우고[8]
오랑캐 말은 뒤쫓아 대림(蹛林)에서 나오네.[9]
만리의 봄바람은 돌아가기에 참 좋고
또한 좋은 손님 만나니 휘금(揮金)하고 싶어라.[10]

留犁撓酒得戎心，繡袷通歡歲月深。
奉使由來須陸賈，離親何必強曾參。
燕人候望空甌脫，胡馬追隨出蹛林。
萬里春風歸正好，亦逢佳客想揮金。

윤촌 도중에
尹村道中

눈 가득 서리 불어와 풀뿌리에 깃드니

---

7   『사기』「소진전」에 "증삼은 효자여서 의리상 그 어버이를 떠나서 하루도 바깥에서 묵
    을 수 없으니 왕께서는 또 그를 천리 바깥으로 사신 보내어 약한 연나라의 위태로운
    군주를 섬기도록 할 수 있겠습니까?"라고 나온다.
8   구탈(甌脫)은 토실(土室)을 만들어서 망을 보는 것을 말한다.
9   『한서』「흉노전」에 "매년 정월에는 여러 장들이 선우정에서 작은 모임[小會]을 갖고
    제사를 지냈다. 오월에는 용성(龍城)에서 큰 모임[大會]을 갖고 그들의 조상, 하늘과
    땅 그리고 귀신에게 제사를 지냈다. 가을이 되어 말이 살찔 무렵에는 대림(蹛林)에서
    큰 모임을 열어 백성과 가축의 숫자를 헤아렸다."라고 나온다. 대림은 흉노가 제전을
    벌이는 장소 또는 행사를 지칭하는 말이다.
10 휘금(揮金)은 벼슬을 그만두고 편안하게 즐기면서 만년(晚年)을 보내는 것을 말한다.
    『한서』「소광전(疏廣傳)」에 "소광 부자가 이미 향리로 돌아와 매일 집에 주연을 베풀고
    여러 족인들과 친구들, 빈객들을 초대하였다. 자주 집안에 묻기를 '금이 아직 몇 근이나
    남았는가. 속히 팔아다가 잔치에 공급하라.'라고 하였다."고 나온다.

새해에 새봄 만나지 못함을 알겠어라.

푸른 봉우리 인간 세상 아닌가 의심하다가

누런 구름에 변새 먼지 새삼 깨달아라.

만리 멀리 장건(張騫)은 사신갈 수 있었지만

일생 증삼(曾參)은 어찌 어버이를 떠나려 했던가.

나라에 몸 바친 일 쓸모없음을 가련히 여기니

어쩌다 분분히도 나그네 신세 되었는지.

滿眼霜吹宿草根, 謾知新歲不逢春。

卻疑靑嶂非人世, 更覺黃雲是塞塵。

萬里張侯能奉使, 百年曾子肯辭親。

自憐許國終無用, 何事紛紛客此身。

부퇴관 중통학사의 '설중견의' 시에 차운하여 수작하다
次韻酬府推仲通學士雪中見寄

아침에 내리는 눈 보며 그대의 시를 읊으니

붉은 섬돌에 붉은 옷 놓인 모습 눈에 선해라.

등불 밝힌 성에서 지팡이로 눈 깊이 재었는지

구름 전각의 창에 부딪히는 눈 소리는 어떠한지.

굽은 담장으로 빽빽히 날리는 눈 깨닫겠거니

궁벽한 마을이라 쓸어냄 늦음 애처로워라.

벗을 찾아가려 할 제 흥 다하지 않음은[11]

---

11 『세설신어』「임탄(任誕)」에 "왕자유(王子猷)는 산음에 살았는데, 밤에 대설이 내리자
   잠에서 깨어나 문을 열고 술상을 차려오게 했다. 사방을 둘러보니 온통 밝기도 하여,

술잔 나눌 길이 없기 때문이라.

朝來看雪詠君詩, 想見朱衣在赤墀。

爲問火城將策試, 何如雲屋聽窻知。

曲牆稍覺吹來密, 窮巷終憐掃去遲。

欲訪故人非興盡, 自緣無路得傳巵。

송차도의 '태평의 이른 매화를 추억하며' 시에 차운하다
次韻宋次道憶太平早梅

대량(大梁)의 봄이 보도(寶刀)의 재촉을 허비함이[12]

호음(湖陰)에 이른 매화가 있음만 못하여라.

오늘 소반에 담긴 매화를 보니

당시 꽃 아래서 술잔을 돌릴 때라.

분분히 강성(江城)으로 떨어져 날리나

아득하여 역사(驛使) 따라서 오기 어려워라.[13]

일어나 서성이며 좌사의 「초은시」를 읊었다. 문득 대안도(戴安道)가 생각났는데 이때 대안도는 섬(剡)에 있었다. 왕휘지는 즉시 작은 배를 타고 찾아가 날이 새서야 그 문에 이르렀는데, 들어가지 않고 돌아갔다. 사람들이 그 까닭을 물으니, 왕휘지가 '본래 흥이 나서 갔으니 흥이 다하면 돌아올 뿐, 어찌 반드시 대안도를 만날 필요가 있겠는가?' 라고 했다.[王子猷居山陰, 夜大雪, 眠覺開室, 命酌酒. 四望皎然, 因起彷徨, 詠左思招隱詩, 忽憶戴安道. 時戴在剡, 卽便夜乘小船就之, 經宿方至, 造門不前而返. 人問其故, 王曰, 吾本乘興而去, 興盡而返 何必見戴.]라고 나온다.

12 송지문의 〈봉화입춘일시연내출전채화응제(奉和立春日侍宴內出剪彩花應製)〉에 "올해 봄 풍광이 이른 것은, 전도(剪刀)가 재촉한 때문이라[今年春色早, 應爲剪刀催]"라고 나온다.

13 『태평어람』 권970에 인용된 『형주기(荊州記)』에 "육개와 범엽은 친한 사이였는데, 강 남에서 매화가지 하나를 꺾어 장안의 범엽에게 보내며, 매화시를 함께 보냈다. '매화

옛날 노닐던 때 기억하니 눈앞에 아련한데
서남쪽 매화 가지 위로 달이 배회하네.
大梁春費寶刀催, 不似湖陰有早梅。
今日盤中看翦彩, 當時花下就傳杯。
紛紛自向江城落, 杳杳難隨驛使來。
知憶舊遊還想見, 西南枝上月徘徊。

유화보가 강서로 사신가는 것을 전송하며
送劉和父奉使江西

유랑(劉郎)이 오늘 사신 깃발을 안고 떠나
강남에 소식 전하니 기쁨 알 만하여라.
성묘하러 산 오르니 도리어 양 돼지 잡을 필요 있고
수레바퀴 땅에 묻음에 여우와 살쾡이 물을 것 없어라.[14]
아무도 유공영(劉公榮)의 음주를 흉내낼 수 없지만[15]

꺾어 역사(驛使)에게 주며, 농두 사람에게 붙여 보내네. 강남엔 아무 것도 없소, 봄소식 한 가지를 보낼 뿐.[陸凱與范曄范相善, 自江南寄梅花一枝, 詣長安與曄, 幷贈花詩曰, '折梅逢驛使, 寄與隴頭人. 江南無所有, 聊寄一枝春.']"이라고 나온다.

14 장강(張綱)은 후한 순제(順帝) 때 사람으로 지방 풍속을 순찰하라는 명을 받자, 타고 갈 수레의 바퀴를 낙양(洛陽) 도정(都亭)의 땅에 묻고서 "승냥이와 늑대가 지금 큰길을 막고 있으니, 여우와 살쾡이 따위야 굳이 따질 것이 있겠는가.[豺狼當路, 安問狐狸]"라고 하고는 곧바로 당시의 권간(權奸)인 대장군 양기(梁冀)를 탄핵하면서 그가 속으로 임금을 업신여긴 15조목의 일을 열거하여 경사(京師)를 진동시켰다.

15 공영(公榮)은 진(晉)나라 유창(劉昶)의 자이다. 유창은 신분에 맞지 않는 사람들도 마다 하지 않고 함께 어울려 술을 마쳤는데 어떤 사람이 이를 기롱하자 "나보다 나은 자와도 함께 마시지 않을 수 없고, 나보다 못한 자와도 함께 마시지 않을 수 없다. 그런데 이 사람들은 나의 무리이니 또 함께 마시지 않을 수 없다.[勝公榮者, 不可不與飮, 不如

나를 위해 왕희지(王羲之)의 묵지(墨池)를 찾아 주게나.[16]
또한 고개 마루에 꽃 만발한 것 보리니
다시금 봄 풍광에 그리운 마음 부쳐주기를.

劉郎今日擁旌麾, 傳到江南喜可知。

上冢還須擊羊豕, 下車應不問狐狸。

無人敢效公榮酒, 爲我聊尋逸少池。

亦見嶺頭花爛熳, 更將春色寄相思。

장자야의 '죽림사' 시에 차운하다
次韻張子野竹林寺

1.

계곡 물 비스듬히 흘러 바위길 깊고
수원(水源) 깊은 곳에 수풀 우거졌어라.
푸른 난새는 몇 세대에 난야(사찰)를 열었는가
황학이 당시 춤을 추어 서묘금(瑞卯金)이라 하였지.[17]
무너진 벽에는 여러 봉우리 단청에 이어지고
서늘한 한 가닥 연기 전단 침향에서 일어나네.

公榮者, 亦不可不與飮. 是公榮輩者, 又不可不與飮.]"라고 하였다. 『세설신어』 「임탄(任誕)」에 나온다.

16 이벽의 주에 "왕희지의 묵지(墨池)가 임천(臨川)의 학궁에 있었는데, 왕안석의 향리였으므로 '나를 위해'라고 한 것이다."라고 하였다.

17 『환우지(寰宇志)』 「윤주(潤州)」에 "유유(劉裕)가 미천했을 때 항상 죽림사에 노닐었는데 매번 이 산에서 휴식할 때마다 늘 황학이 날아와서 춤을 추었다. 후에 학림사라고 이름을 고쳤다. 이 때문에 '서묘금(瑞卯金)'이라고 하였다."라고 나온다. '卯金'은 '劉'를 파자한 것으로 유유를 가리킨다.

십년 지기 벗들 절반은 영락하여
예전 노닐던 곳 되돌아보니 하마 옛일 되었구나.
澗水橫斜石路深, 水源窮處有叢林。
靑鸞幾世開蘭若, 黃鶴當年瑞卯金。
敗壁數峰連粉墨, 涼煙一穗起檀沉。
十年親友半零落, 回首舊遊成古今。

2.
경현(京峴) 성 남쪽 깊숙이 햇살 아른거리는 곳
두 소 울음 소리 들리는 거리에 선림(禪林)을 얻었어라.[18]
지붕 너머 바람에 실려오는 샘물소리는 구슬피 옥 두드리는 듯
대숲 사이로 달빛은 금가루처럼 섬돌 위에 내려앉네.
천장을 올려다 보니 먼지 막막한데
푸른 등불을 마주하고 잠드니 밤은 침침하여라.
조각배 타고 길 지나는 나그네 된 것이 10년의 일이니
이 산에서 한 번 꿈꾸어 수심이 지금에 이르네.
京峴城南隱映深, 兩牛鳴地得禪林。
風泉隔屋撞哀玉, 竹月緣階貼碎金。
藻井仰窺塵漠漠, 靑燈對宿夜沉沉。
扁舟過客十年事, 一夢此山愁至今。

---

18 '우명(牛鳴)'이란 소의 울음소리가 들릴 정도의 거리로, 대략 5리(里)를 우명지(牛鳴地)
라고 한다.

오계야의 '제악상인징심정' 시에 차운하다
次韻吳季野題岳上人澄心亭

높은 누각이라 5월에도 여전히 한기 일어나
고개 돌리니 사막의 먼지 절로 울연하다.
섬돌의 물은 어지럽게 흘러 돌 아래를 비우고
난간에 떠가는 구름은 높이 나와 층층이 솟아난 산들을 덮는다.
더위잡고 올라 인간 세상을 벗어나고 싶으니
정자를 지음은 물외의 승려들임을 알겠네.
가만히 앉으니 창자가 씻은 듯이 맑아지니
불도징의 신기함이 이상할 것이 없어라.[19]

高亭五月尙寒生, 回首塵沙自鬱蒸。
砌水亂流空石底, 檻雲高出蔽出層。
躋攀欲絶人間世, 締構知從物外僧。
腸胃坐來淸似洗, 神奇未怪佛圖澄。

언진(오언진)을 전송하며
送彦珍

궁핍한 마을에서 책 끼고는 더부룩한 귀밑머리

---

19 시냇물에 내장을 꺼내 씻은 불도징(佛道澄)의 고사를 말한다. 축불도징은 본디 천축(天
   竺) 사람으로, 진(晉) 나라 회제(懷帝) 때 낙양(洛陽)에 가서 여러 가지 신이(神異)를
   나타내어 불법(佛法)을 포교하였다. 그는 젖가슴 주위에 4, 5촌쯤 되는 구멍이 있어서
   뱃속이 다 들여다보였는데, 책을 읽을 적에는 그 구멍을 통하여 빛이 나왔으며, 재일(齋
   日)에는 그 구멍을 통하여 내장을 꺼내 물가에 가서 씻은 다음 다시 집어넣었다고 한다.
   『고승전』 권9 「축불도징(竺佛圖澄)」에 나온다.

비탈진 전답 황무지 된들 어찌 일찍이 보기나 했던가.
곡구(谷口)에서 종신토록 은거할 것 없었거니와
치천(菑川)에서 온 나라 추천을 받은 일은 마땅한 일.
악수하니 온갖 걱정 공연히 지난 일 되었고
집에 돌아가 한바탕 웃으리니 꽃피는 좋은 시절이라.
자강(柘岡)에 마침 하얀 목련 피었으리니
동풍 불어 꽃소식 나에게 알려 주리라.
挾筴窮鄕滿鬢絲, 陂田荒盡豈嘗窺。
未應谷口終身隱, 正合菑川擧國推。
握手百憂空往事, 還家一笑卽芳時。
柘岡定有辛夷發, 亦見東風使我知。

평보의 '촌서춘일' 시에 차운하다
次韻平甫村墅春日

어제는 푸른 들 가지런하지 않더니
홀연 봄빛이 고저에 가득함을 보겠네.
비탈의 매화는 그림자 희롱하여 다투어 먼저 춤추고
나뭇잎에 몸 숨긴 새는 자유롭게 지저귀네.
짚신 신은 나무꾼은 구름 밟으며 옛 길로 돌아오고
도롱이 쓴 어부는 등에 비 맞으며 앞 시내로 향한다.
내가 높은 관작에서 도망치려는 것을 아는 듯하니[20]

---

20 『장자』「선성(繕性)」에 "높은 벼슬이 내 몸에 미쳤다 해도 그것은 하늘로부터 부여받은
   본성이 아니고 외물이 우연히 밖에서 들어와 내 몸에 붙은 것일 뿐이다.[軒冕在身,

담소하고 서로 지나며 각자 물건을 들고서 가네.
昨日靑靑尙未齊, 忽看春色滿高低。
陂梅弄影爭先舞, 葉鳥藏身自在啼。
樵蹻踏雲歸舊徑, 漁簑背雨向前溪。
似知我欲逃軒冕, 談笑相過各有攜。

왕미지 '범주' 시에 즉석해서 차운하다
即席次韻微之泛舟

화려한 배 타고 북과원(北果園) 깊숙이 찾아가니
묵은 자취는 응당 승려에게 물어봐야지.
땅은 농막을 따라 생겨나 구불구불하고
하늘은 산꼭대기에 붙어 날이 금방 저무네.
옛 도읍은 시절 태평하여 교목은 공연히 서 있고
황량한 성은 사람 드물어 거의 시골 마을 되었네.
유유히 흥하고 폐함이 모두 이와 같으니
까닭없는 시름을 술 한잔에 부쳐보네.
畫舸幽尋北果園, 應將陳跡問桑門。
地隨牆墅行多曲, 天著岡巒望易昏。
故國時平空有木, 荒城人少半爲村。
悠悠興廢皆如此, 賴付乾愁酒一樽。

非性命也, 物之儻來, 寄也。]라고 나온다.

장안군[21]에게 보이다
示長安君

어려서 헤어짐이 마음 가벼운 일 아닌데
늙어서 다시 만나니 이 또한 서글퍼라.
조촐히 술상 차려 담소에 이바지하고
어둑어둑 등불 밝히고 살아온 날 이야기하네.
호해(湖海)에 3년 헤어진 일 스스로 가련한데
다시 사막으로 만리 길을 떠나다니.
다음에 만날 날은 언제인지 묻노니
편지 부쳐 기러기 남쪽으로 감을 보리라.

少年離別意非輕, 老去相逢亦愴情.
草草杯盤供笑語, 昏昏燈火話平生.
自憐湖海三年隔, 又作塵沙萬里行.
欲問後期何日是, 寄書應雁見南征.

조인의 '저물녘에 집희관을 지나며' 시에 화운하다[22]
和祖仁晩過集禧觀

날씨 따사로워 말 머리 따라 동쪽으로 가려니
깃털 같은 봄 적삼 아직 입지 않았어라.[23]

---

21 이벽의 주에 "장안군은 왕안석의 누이이다."라고 하였다.
22 집희관(集禧觀)은 원래 회령관(會靈觀)이라 불렸는데 삼산 오악의 신령을 제사지내던 곳으로 변경(汴京)의 대관(大觀)이었다. 송나라 인종(仁宗) 때 큰 화재에 불타, 중건하면서 집희관(集禧觀)으로 이름을 고쳤다.

연하(煙霞)가 봄빛 보내 요수(瑤水)로 돌아가고
산목이 향기 나눠 낭풍(閬風)을 맴돈다.
건장한 머리털은 풍진세상 바깥의 푸르름 전하는데[24]
쇠잔한 얼굴은 거나하게 술에 취해 붉어졌네.
해 기울어 인간 세상으로 다시 돌아와
지난 유람 기억하니 꿈속에 있었던 듯.

妍暖聊隨馬首東, 春衫猶未著方空。
煙霞送色歸瑤水, 山木分香繞閬風。
壯髮已輸塵外綠, 衰顔漫到酒邊紅。
日斜歸去人間世, 却記前遊似夢中。

강서로 전운부사로 가는 정공벽을 전송하며
送程公闢轉運江西

강서의 사절(使節)은 황금으로 주조하여
장빈(章濱) 부로(父老)들의 마음을 위로하네.
급암(汲黯)이 예전에 실로 억지로 벼슬을 받고[25]
황패(黃霸)가 영천에 거듭 부임한 것과 다르지 않네.[26]

---

23 『석명(釋名)』에 "방공(方空)은 비단이 얇아서 텅비어 있는 것과 같은 것이다."라고 나
　　온다.
24 이벽의 주에 "도관의 도사들은 세속의 일에 접하지 않아 늘 머리털이 푸름을 말한다."라
　　고 하였다.
25 장유(長孺)는 급암의 자이다. 급암은 회양(淮陽)태수를 배수받자 사양하고 인수(印綬)
　　을 받지 않았는데 여러 차례 억지로 벼슬을 내린 후에야 조칙을 받았다.
26 차공(次公)은 황패의 자이다. 경조윤(京兆尹)이 되어 군량 결핍에 연좌되어 질록(秩祿)
　　이 깎이자 다시 영천(潁川)으로 돌려보내 태수가 되게 하고, 그 전과 마찬가지로 연봉

유풍 여전히 남아 백성들의 기쁜 노래 있으니
좋은 일 없이 묵은 자취를 찾는 것 아니네.
새로 지은 시를 나에게 부쳐줄 수 있을지
10년 동안 금화성(金華省) 옛 우정 깊었으니.

江西一節鑄黃金, 最慰章濱父老心。
長孺向來眞强予, 次公今不異重臨。
餘風尙有歡謠在, 陳跡非無勝事尋。
豫想新詩能寄我, 十年華省故情深。

왕미지의 즉석시에 차운하다
次韻微之卽席

들기름 주머니에 오땅의 쌀 빚어내니
청담한 기미(氣味)가 유장함이 좋아라.
한가한 날 북쪽 언덕에서 찾아오는 승려 있고
평일에 남쪽 못에서 나오는 도둑은 없어라.
바람부는 정자에서 대나무 마주하여 외로운 봉우리와 수작하고
눈내린 산길에 매화 찾아 그윽한 향기 맡노라.
장강의 중령(中泠)은 변함 없으리니[27]
그대와 함께 술 한 잔 마시고 싶어라.

釀成吳米野油囊, 卻愛淸談氣味長。
閑日有僧來北阜, 平時無盜出南塘。

팔백석(八百石)으로 있게 하였다.
27 중령은 장강에 있는 샘으로, 그 물로 차를 끓여 마시면 가장 좋다고 전한다.

風亭對竹酬孤峭, 雪逕尋梅認暗香。
江水中泠應未變, 一杯終欲就君嘗。

왕미지의 '추포에서 제산을 바라보며 이태백과 두목지를 느끼다' 시에 화운하다
和王微之秋浦望齊山感李太白杜牧之

제산(齊山)에 술자리 열자 국화 피어나고
추포(秋浦)의 강가에서 원숭이 울음에 슬퍼하네.
이곳에 유전하던 필묵은 공허해지고
옛 사람은 매몰되어 쑥대 봉분 되었어라.
평소 지업(志業)에 고상한 의론 없고
말세 시문에 뛰어난 재주 있을 뿐.
그대로 하여금 다섯 말을 몰도록 하여[28]
묵은 자취 찾아서는 한참을 배회하였네.
齊山置酒菊花開, 秋浦聞猿江上哀。
此地流傳空筆墨, 昔人埋沒已蒿萊。
平生志業無高論, 末世篇章有逸才。
尙得使君驅五馬, 與尋陳跡久徘徊。

28　원문의 '오마(五馬)'는 태수(太守)의 별칭으로, 한나라 때 태수의 수레는 다섯 필의 말이
　　끌었던 사실에서 유래한다.

왕미지의 '등고재' 시에 차운하다
次韻王微之登高齋

대전(臺殿) 황량하여 욕정(辱井)에 연기 오르고
임춘각(臨春閣)의 호화로움 다시 보이지 않아라.[29]
북산(北山) 아득하여 구름이 땅에 드리우고
남태(南埭) 그윽하여 물이 사람을 비추네.
치도(馳道) 황량하여 소나무 반쯤 죽었고
사장(射場) 매몰되어 꿩들은 길들여졌네.
높은 곳에 올라 한 곡조 노래하여 망국을 슬퍼하니
붉은 대들보 감싸며 어두운 먼지 떨어지겠지.

臺殿荒墟辱井堙, 豪華不復見臨春。
北山漠漠雲垂地, 南埭悠悠水映人。
馳道蔽虧松半死, 射場埋沒雉多馴。
登高一曲悲亡國, 想繞紅梁落暗塵。

이군 형제가 방문하여 장로에서 이별하고 회음에 이르러 추기하다
李君昆弟訪別長蘆至淮陰追寄

성난 물이 바람에 기대어 눈 쌓인 언덕 높고

---

29 남조(南朝) 진(陳)의 후주(後主)는 광소전(光昭殿) 앞에 세 개의 누각을 지었는데, 자신
   은 임춘각(臨春閣)에 거처하고 장려화(張麗華)는 결기각(結綺閣)에, 공 귀빈(襲貴嬪)·
   공 귀빈(孔貴嬪)은 망선각(望仙閣)에 거처하게 하고는 세 누각을 복도로 이어 왕래하며
   주색으로 날을 보냈다고 전한다.

어지러운 물결이 나를 좇아오니 고깃배에 좋아라.
회수의 달이 한식에 임한 것을 홀연 보니
장강의 봄에 햇살 비쳐 백로 소리 듣겠지.
도의는 마땅히 기린의 뿔 하나를 이루었고
문장은 이미 천 마리 토끼털 붓이 다 닳았네.[30]
두려워할 후생으로 나는 그대를 아나니
남북에서 어느 때 두 다팔머리를 만날지.

怒水憑風雪壟高, 亂流追我秖魚舠.
忽看淮月臨寒食, 想映江春聽伯勞.
道義當成麟一角, 文章已禿兔千毫.
後生可畏吾知子, 南北何時見兩髦.

왕봉원을 그리워하며
思王逢原

1.
쑥대 덮인 봉분이 어지러울 듯하니
무덤 위로 가을 바람 또 불어오리라.
오묘한 자질은 태평한 시대에 쓰이지 못하고
은미한 말은 오직 벗들만이 알았지.
여산은 남쪽으로 떨어져 서안(書案)에 당하였고
분수는 동쪽으로 와서 술잔으로 들어왔지.

---

30 이백의 〈취후증왕역양(醉後贈王歷陽)〉에 "글씨는 천 마리 토끼털 붓이 다 닳도록 썼고,
  시는 두 마리 소 등에 실을 만큼 많이 지었네.[書禿千兔毫, 詩裁兩牛腰]"라고 나온다.

가련하다 묵은 자취 손짓 따라 사라져
즐기려 하여도 그때 같은 때 다시 없어라.

蓬蒿今日想紛披，冢上秋風又一吹。
妙質不爲平世得，微言惟有故人知。
廬山南墮當書案，溢水東來入酒卮。
陳跡可憐隨手盡，欲歡無復似當時。

2.
세상을 구제한 공을 일생 서로 기대했더니
어찌 알았으리 세월이 곤궁함으로 향해갈 줄을.
매 떨치고 날아가니 봉황 날개 짧고
기린 매몰되니 말 무리가 비었어라.[31]
중랑(中郎)의 옛 업은 전할 아이가 없고
강자(康子)의 높은 재주는 부인과 같아라.
강남 언덕 위의 무덤에
나뭇가지 떨어지고 지전(紙錢)에 바람 불겠지.

百年相望濟時功，歲路何知向此窮。
鷹隼奮飛凰羽短，騏驎埋沒馬群空。
中郎舊業無兒付，康子高才有婦同。
想見江南原上墓，樹枝零落紙錢風。

---

31 백락(伯樂)이 한번 기북(冀北)의 들을 지나가자 말 무리들이 텅 비었다고 한다.

오어사의 '임회감사' 시에 화운하다
和吳御史臨淮感事

성문 자물쇠를 새벽에 여니
배의 키와 수레 축에 우뢰소리 들리는 듯.
귀산(龜山)에서 나올 때 누런 먼지 막으려 하고
변수(汴水)에서 올 때 하얀 물결 공연히 나뉜다.
징관(澄觀)은 재목 있어 몽매한 상인들 맞이하고[32]
남제운(南霽雲)은 무력하여 간악한 이들 보복했지.[33]
시인이 이날 옛 일을 추억하니
슬픈 기운이 바람 따라와 율관의 재를 움직이네.[34]

柵鏁城扉曉一開, 柂牙車軸轉成雷。
黃塵欲礙龜山出, 白浪空分汴水來。
澄觀有材邀昧陋, 霽雲無力報奸回。
騷人此日追前事, 悲氣隨風動管灰。

---

32 한유의 〈승려 징관을 전송하며(送僧澄觀)〉시에 "징관이 승려라 사람들이 말하지만, 삼
    공의 재능과 관리의 재주는 지금 없네."라고 나온다.

33 이벽의 주에 "남제운이 하란진명(賀蘭進明)에게 구원을 청하였는데 하란진명은 장순
    (張巡)과 허원(許遠)의 위세와 공적이 자신 위에 있는 것을 질투하여 출병하여 구원하
    려 하지 않았다. 남제운이 하란진명이 병사를 낼 마음이 없음을 알고 곧바로 말을 달려
    돌아갔다. 장차 성을 나섬에 화살을 뽑아 불사(佛寺)의 부도를 쏘자 화살이 부도의
    위에 꽂혀서 그 전돌에 화살이 반쯤 박혔다. 남제운은 '나는 돌아가 적을 깨부수고
    반드시 하란진명을 멸할 것이니, 이 화살은 그것을 기록한 것이다.'라고 말하였다."라
    고 하였다.

34 고대에 절기를 측정할 때 다음과 같은 방법을 사용했다고 한다. 삼중(三重)의 벽을
    친 방을 만든다. 문을 닫고 꼼꼼하게 틈을 바른 다음 붉은 명주 휘장을 방안에 두른다.
    12율마다 각각 하나의 상을 만들되, 안은 낮게 밖은 높게 한다. 그리고 12율의 방위(方
    位)에 따라 상을 놓고 그 위에 각각의 율관(律管)을 놓는다. 율관마다 갈대의 재[灰]로
    그 안을 메운다. 그런 다음 월역(月曆)을 살펴보면, 24개의 절기가 될 때마다 해당
    율관에서 재가 움직인다. 『후한서』 「율력지(律曆志)」에 나온다.

오계야의 '재견기' 시에 차운하다
次韻吳季野再見寄

갓옷은 남북으로 다녀 풍진에 해지고
뜻은 비루해져 어버이께 누가 되었네.
세속에 오히려 몸 결백함을 의심하고
교유는 편당지어 다니는 무리를 비웃네.
호량(濠梁) 물고기의 즐거움 멀리서 같이 생각하고[35]
늙어서 갈매기 놀래키니 바닷가에서 부끄러워라.[36]
그대와 해후하니 도리어 늦음이 한스러워라
내 뜻을 환히 알 사람 오랫동안 없었으니.

衣裘南北弊風塵, 志趣卑汙已累親.
流俗尙疑身察察, 交遊方笑黨頻頻.
遠同魚樂思濠上, 老使鷗驚恥海濱.
邂逅得君還恨晚, 能明吾意久無人.

---

35 『장자』「추수(秋水)」에 "장자가 혜자(惠子)와 함께 호량(濠梁)의 돌다리 위를 거닐었는
데, 장자가 '피라미가 조용히 노니니 이는 물고기의 즐거움이로다.' 하니, 혜자가 '그대
는 물고기가 아닌데 어찌 물고기의 즐거움을 아는가?' 하였다. 이에 장자가 '그대는
내가 아닌데 내가 물고기의 즐거움을 모르는 줄을 어찌 아는가?' 하니, 혜자가 '나는
그대가 아니므로 진실로 그대를 알지 못하나, 그대는 물고기가 아니므로 그대가 물고
기의 즐거움을 모르는 것은 분명하다.' 하였다.[莊子與惠子遊於濠梁之上. 莊子曰, 儵魚
出遊從容, 是魚之樂也. 惠子曰, 子非魚, 安知魚之樂. 莊子曰, 子非我, 安知我不知魚之
樂. 惠子曰, 我非子 固不知子矣, 子固非魚也, 子之不知魚之樂, 全矣.]"라고 나온다.
36 『열자』「황제(黃帝)」에 "바닷가에 사는 사람으로 갈매기를 좋아하는 이가 있어, 매일
아침 바닷가에 나가서 갈매기와 놀다 보니, 그곳으로 날아오는 갈매기가 백 마리도
더 되었다. 한번은 그의 아비가 '내가 듣건대 갈매기가 모두 너를 따라 노닌다 하니,
네가 갈매기를 잡아오너라. 내가 데리고 놀련다.' 하므로, 다음 날 그가 다시 바닷가에
나가니, 갈매기들이 공중에서 춤을 추며 내려오지 않았다.[海上之人有好鷗鳥者, 每旦
之海上, 從鷗鳥遊, 鷗鳥之至者百住而不止. 其父曰吾聞鷗鳥皆從汝遊, 汝取來, 吾玩之.
明日之海上, 鷗鳥舞而不下也.]"라고 나온다.

화보의 '영설' 시에 차운하다
次韻和甫詠雪

내달리는 눈보라 사방에서 불어와
앉아서 바라보니 옥 같은 산봉우리 높디높다.
험하고 더러운 것 모두 덮어주니 덕이 없지 않고
마르고 그을린 것 촉촉히 적셔주니 재주 있다 하리라.
온 기세 다 합쳐 사방 대지 다 덮으려 하고
공 이루니 마침내 방춘(芳春)이 돌아오려는 듯.
추운 고을이라 풍년의 상서 생각할 수 없기에
푸른 하늘이 만리에 활짝 열린 일 추억하네.

奔走風雲四面來, 坐看山壟玉崔嵬。
平治險穢非無德, 潤澤焦枯是有才。
勢合便疑包地盡, 功成終欲放春回。
寒鄉不念豐年瑞, 只憶靑天萬里開。

서중원의 '영매' 시에 차운하다
次韻徐仲元咏梅

1.
계곡 살구와 산 복숭아가 새 꽃 틔우려 할 때
고매한 매화 꽃 피워 여전히 봄을 아름답게 하네.
비연(飛燕)의 이마에 떨어진 황매화에 햇살 영롱하고[37]

---

37 송나라 무제(武帝)의 딸 수양공주(壽陽公主)가 인일(人日)에 함장전(含章殿)의 처마 아래 누워 있었는데 매화가 공주의 이마에 떨어져 오출화(五出花)를 이루었다. 떨어내려

양귀비 피부의 분 같은 매화는 바람 머금어 서늘하네.
옥피리 부니 서글픈 소리 쉬이 흩어지고
얼음같은 비단 껄끄러워 친숙히 그리기 어려워라.
아름다움을 다투기는 그대의 시가 있음이 기쁘니
늙은 내가 갑자기 감히 그 솜씨 흉내내리오.

溪杏山桃欲占新, 高梅放蕊尙嬌春。
額黃映日明飛燕, 肌粉含風冷太眞。
玉笛悲涼吹易散, 冰紈生澁畫難親。
爭姸喜有君詩在, 老我脩然敢效顰。

2.
예전에 여들여들 새 푸른 가지 당겼더니
꽃 더디어 또한 버들 앞의 봄을 건넜어라.
얼음처럼 보드러운 살결은 고야선인(姑射仙人) 같고[38]
어슷버슷 눈 같은 피부는 양귀비여라.
잎 쓸쓸히 떨어지면 한 해 저묾을 슬퍼하리니
꺾어다가 친밀한 이에게 한껏 부쳐보리라.
꽃 소식 전해줄 역리 끝내 없으니
적막하여 누구와 웃고 찡그리리오.

舊挽靑條冉冉新, 花遲亦度柳前春。

고 해도 떨어지지 않아 황후 그대로 두었는데, 이로부터 매화 화장이 생겨났다고
한다.

38 고야선인은 매화를 말한다. 『장자』「소요유(逍遙遊)」에 “막고야(藐姑射)의 산에 신인
(神人)이 거주하는데, 살결이 빙설처럼 깨끗하고 부드럽기가 처녀와 같으며, 오곡을
먹지 않고 바람을 호흡하며 이슬을 마신다.[藐姑射之山, 有神人居焉, 肌膚若冰雪, 若處
子, 不食五穀, 吸風飮露.]”라고 나온다.

肌冰綽約如姑射,　膚雪參差是太眞。

搖落會應傷歲晚,　攀翻臘欲寄情親。

終無驛使傳消息,　寂寞知誰笑與顰。

곡친의 분산에 제하여 남기다
留題曲親盆山

교묘하여 천연으로 이루어진 것과 다름이 없으니

나라의 장인이 솜씨 부림이 어찌 잠시였으랴.

뿌리는 창해에 이어져 봉래산 확 트이고

기세는 황하를 눌러 지주산 홀로 우뚝하여라.

자리 위로 비취색 남기 피어오르고

그림자 속에 누각의 단청 보이는 듯.

산 만들고 물 보는 일 모두 좋은 비유니[39]

누가 그대 집을 향해 좇아올 줄 알는지.

巧與天成未覺殊,　國工施手豈須臾。

根連滄海蓬萊闊,　勢壓黃河砥柱孤。

39　『논어』「자한(子罕)」에, "학문을 비유컨대, 산을 쌓는 것과 같으니, 한 삼태기의 흙이
　　모자라는데 그만두었다 해도 내가 그만둔 것이다. 또 비유컨대, 평지에 한 삼태기의
　　흙을 부었다 하더라도 진전된 것인데, 그것도 내가 나서서 한 것이다.[子曰, 譬如爲山,
　　未成一簣, 止吾止也. 譬如平地, 雖覆一簣, 進吾往也.]"라고 나온다. 또한 『맹자』「진심
　　상(盡心上)」에, "물을 관찰하는 데 요령이 있으니, 반드시 그 여울을 보아야 한다. 해와
　　달이 밝음을 간직하였으니, 빛을 받아들이는 곳에는 반드시 비춰 준다. 흐르는 물의
　　속성은 구덩이를 다 채우지 않으면 나아가지 않는 법이니, 군자가 도에 뜻을 두고 문장
　　을 이루지 못하면 도달하지 못한다.[觀水有術, 必觀其瀾. 日月有明, 容光必照焉. 流水
　　之爲物也, 不盈科不行, 君子之志於道也, 不成章不達.]"라고 나온다.

坐上煙嵐生紫翠, 影中樓閣見靑朱。
爲山觀水皆良喩, 誰向君家識所趨。

태초의 형의 거처에 이르지 않은 것이 10년이 되어 시를 부치다
不到太初兄所居遂已十年以詩攀寄

의복은 비취빛 비단 같은 시내를 마름질하고
패옥은 아홉 봉우리의 푸른 옥을 새긴 것이라.
타고난 천성이 산천 기운 가졌는데
산천에 집 지어 시정의 시끄러움도 없어라.
삼대의 유풍은 문벌에 전하는데
십년 신 끈의 묵은 자취 찾을 수 없네.
귀영(歸榮)하여 조만간 다시 악수합시다
유인(幽人)의 오랜 초대를 져버리지 말기를.
一水衣巾翦翠綃, 九峰環佩刻靑瑤。
生才故有山川氣, 卜築兼無市井囂。
三葉素閫門閥在, 十年陳跡履綦銷。
歸榮早晚重攜手, 莫負幽人久見招。

우연히 이루다
偶成

점점 늙음에 세상 사정 홀로 깨닫겠으니
내 일만이 이뤄지기 어려움을 이미 알겠어라.

몸을 벗어나 쌀 지고서 부모 봉양의 뜻 구하려니[40]
힘써 전답 구하는 일 어찌 명성을 위해서리오.[41]
고담준론은 쇠퇴한 풍속을 따라 자못 폐하고
장대한 마음은 벗들의 관심 받기 어려워라.
상봉하여 애써 슬픔 달램이 병임을 깨달으니[42]
머리 긁으니 도리어 흰 머리를 더하네.

漸老偏諳世上情, 已知吾事獨難行。
脫身負米將求志, 勠力求田豈爲名。
高論頗隨衰俗廢, 壯懷難値故人傾。
相逢始覺寬愁病, 搔首還添白髮生。

2.
회포는 열기 어렵고 술은 쉽게 깨어라

---

40 자로(子路)가 일찍이 공자(孔子)를 뵙고 말하기를 "예전에 제가 두 어버이를 섬길 때에
는 항상 명아주와 콩잎만 먹는 형편이었으므로, 어버이를 위하여 100리 밖에서 쌀을
져다가 봉양하곤 했는데, 어버이가 돌아가신 뒤로 남쪽으로 초나라에 노닐 적에 따르
는 수레가 100여 대요, 만종의 곡식을 쌓아 두고 요를 여러 겹으로 깔고 앉아서 진수성
찬을 차려 놓고 먹으면서는 다시 명아주 콩잎을 먹으면서 어버이를 위해 쌀을 져 오고
싶어도 할 수가 없었습니다.[昔者由也事二親之時, 常食藜藿之實, 爲親負米百里之外.
親沒之後, 南遊於楚, 從車百乘, 積粟萬鍾, 累茵而坐, 列鼎而食, 願欲食藜藿, 爲親負米,
不可復得也.]"라고 나온다. 『공자가어』「치사(致思)」에 나온다.

41 『삼국지』「위서(魏書)·진등전(陳登傳)」에, 삼국 시대 촉한(蜀漢)의 유비(劉備)가 일찍
이 위(魏)의 허사(許氾)에게 말하기를 "그대는 국사의 명망을 지닌 사람으로, 지금 천하
가 크게 어지러워져서 임금이 처소를 잃은 판이라. 그대에게 오직 나라를 걱정하고
자신을 잊어서 온 세상을 구제할 뜻이 있기를 바라는 터이거늘, 그대는 전답이나 살
집을 구하고 다닐 뿐, 아무런 채택할 만한 말이 없었다.[君有國士之名, 今天下大亂,
帝主失所, 望君憂國忘家, 有救世之意, 而君求田問舍, 言無可采.]"라고 한 나온다. 은거
의 계책을 의미한다.

42 두보의 〈남전최씨장(藍田崔氏莊)〉에 "늙어감에 가을의 슬픔을 애써 달래니, 흥겨워라
오늘은 그대와 기쁨을 다하리[老去悲秋强自寬, 興來今日盡君歡.]"라고 나온다.

새벽 노래 비장하여 가을 성을 진동하네.

세월 실없이 보내 붉던 얼굴 사라지고

세상일에 흰 머리만 재배했구나.

산림 그윽한 곳에 삼 무의 집터 이루지 못하고[43]

일신이 여전히 뭇 사람들 좇아 가는구나.

가련하다 달팽이 뿔이 몇 개나 되는지[44]

구구히도 눈 앞의 일로 다투다니.

懷抱難開醉易醒, 曉歌悲壯動秋城.

年光斷送朱顔去, 世事栽培白髮生.

三畝未成幽處宅, 一身還逐衆人行.

可憐蝸角能多少, 獨與區區觸事爭.

비 그친 뒤 우연히 쓰다
雨過偶書

단비 흥건히 내려 홍진 세상을 씻어내어

43　삼무는 한 사람이 살 만한 작은 땅을 말한다. 『회남자』「원도훈(原道訓)」에 "한 사람의 능력만 믿으면 삼묘의 택지도 다스릴 수 없다.[任一人之能, 不足以治三畝之宅也.]"라고 한 데서 온 말이다.

44　『장자』「칙양(則陽)」에 "대진인(戴晉人)은 위나라 왕에게 다음과 같이 말했다. '달팽이라고 하는 작은 벌레가 있는데 임금님께서도 아시겠지요?' 왕이 말했다. '그렇소.' 대진이 말했다. '달팽이의 왼쪽 뿔에 나라를 세우고 있는 군주가 있는데 촉씨(觸氏)라고 합니다. 또 달팽이의 오른쪽 뿔에 나라를 세우고 있는 군주가 있는데 만씨(蠻氏)라고 합니다. 어느 때에 이 두 나라가 서로 영토를 다투어 전쟁을 일으켜 싸움터에 쓰러진 시체가 수만이나 되었는데 패배한 적을 십오 일이나 추격한 뒤에 회군하였습니다.'[戴晉人曰, 有所謂蝸者, 君知之乎. 曰然. 有國於蝸之左角者, 曰觸氏, 有國於蝸之右角者, 曰蠻氏. 時相與爭地而戰, 伏尸數萬, 逐北, 旬有五日而後反.]"라고 나온다.

남쪽 밭과 동쪽 교외 사람들을 모두 위로하네.
땅은 세공(歲功)을 바라 물외를 환원하고
하늘은 생의(生意)를 사람들에게 부여했네.
비 개어 북두성 보이니 바람과 우뢰 고요하고
서늘한 기운 창으로 들어와 잠자리 서늘하여라.
누가 떠가는 구름과 같이 진퇴를 알리오
장마비 이루자마자 곧장 산으로 돌아가는구나.[45]

霂然甘澤洗塵寰, 南畝東郊共慰顔。
地望歲功還物外, 天將生意與人間。
霽分星斗風雷靜, 涼入軒牕枕簟閑。
誰似浮雲知進退, 才成霖雨便歸山。

계춘 상순에 원중에서 즉사하다
季春上旬苑中卽事

연로에서 북두 자루가 동방 가리키는 것 보이더니[46]
전각에 드리운 발이 봄바람에 나부끼네.
풀 가리워져 안개는 등불을 머금고

---

45 조식의 〈증정의(贈丁儀)〉 시에 "아침 구름 산으로 돌아가지 않아, 장마비가 천택을 이
　　루네[朝雲不歸山, 霖雨成川澤]"라고 나오는데, 『문선』의 주에 "음양이 조화롭지 않으
　　므로 구름이 산으로 돌아가지 않아 장마비가 천택을 이룬 것이다."라고 나온다. 여기서
　　는 구름이 진퇴를 잘 알아 비가 적당히 내렸음을 말한다.

46 하(夏)나라의 역법(曆法)에서 북두성(北斗星)의 두병(斗柄)이 인방(寅方), 곧 동방을 가
　　리키는 때를 정월로 삼았기 때문에 후대에는 정월 또는 봄의 뜻으로 쓰이게 되었다.
　　북두성 자루가 동쪽을 가리키면 봄, 남쪽을 가리키면 여름, 서쪽을 가리키면 가을,
　　북쪽을 가리키면 겨울이다.

은하수 기울어져 달은 하늘에서 떨어지네.
새로 핀 꽃은 붉게 분분히 질 줄만 알고
옛 산은 우뚝우뚝 늘 곧게 솟기만을 꿈꾸네.
상심(賞心)과 낙사(樂事)는 젊어서 즐겨야하니
늙으면 해 다시 중천에 뜨는 일 없기에.

輦路行看斗柄東, 簾垂殿閣轉春風。
樹林隱翳燈含霧, 河漢欹斜月墜空。
新蕊漫知紅簌簌, 舊山常夢直叢叢。
賞心樂事須年少, 老去應無日再中。

조정에서 물러나와
退朝

문 바깥에서 명추가 자주 소리를 보내와[47]
옷 걸치고 억지로 일어나 계인에게 나간다.[48]
불 밝힌 성은 밤 어두워 구름이 대궐을 감추고[49]
옥좌는 아침에 서늘하여 눈이 궁을 덮었네.

---

47 명추(鳴騶)는 현귀(顯貴)한 사람의 수레 앞에서 사람들의 통행을 소리쳐 금지시키는
   사람이다. 공치규(孔稚圭)의 〈북산이문(北山移文)〉에 "명추(鳴騶)가 골싸기에 늘어서
   고 조서(詔書)가 산언덕을 넘어오자 몸은 달려 나가고 넋은 흐트러져 지조가 변절하고
   정신은 동요되었다.[及其鳴騶入谷, 鶴書赴隴, 形馳魄散, 志變神動.]"라고 나온다.
48 계인(雞人)은 주(周)나라 때에 새벽을 알려주던 관직이다. 대제사(大祭祀)를 관장하여
   밤에 닭울음을 하여 백관을 깨웠다.
49 설날과 동지에 궁궐에서 크게 조회를 할 때, 백관들이 모두 모이고 나면 재상이 뒤따라
   이른다. 이때 많은 햇불을 늘어세우는데, 많게는 수백 개나 되므로 이를 두고 화성(火
   城)이라고 한다.

해후하니 두 귀밑머리 하얗게 되었고
쇠미하여 두 주륜은 얻기 어려워라.[50]
퇴식함에 친구 있음이 오히려 좋으니[51]
함께 시 지으니 가난도 싫지 않아라.

門外鳴驈送響頻, 披衣强起赴雞人。
火城夜闇雲藏闕, 玉座朝寒雪被宸。
邂逅欲成雙白鬢, 蕭條難得兩朱輪。
猶憐退食親朋在, 相與吟哦未厭貧。

왕미지와 함께 매화를 읊다. '향' 자를 운자로 얻었다
與微之同賦梅花得香字

1.
한나라 궁실 여인들 이마에 매화장 칠하니
분색이 추위 이겨 엷은 화장에 투영되었네.
달빛 빌려 촛불에 매화 비추는 것 좋거니와
춘몽따라 날아갈까 두려워라.
바람 부는 정자에서 술잔 들어 홀로 핀 꽃과 수작하고
눈 덮힌 길 가마 돌려 그윽한 매화 향기 찾는다.
고관을 위해 열매 맺는 것 아니니[52]

---

50 주륜(朱輪)은 바퀴에 붉은 칠을 한 수레로 고대에 왕후(王侯)나 현달한 사람이 타던
  수레이다.
51 퇴식은 조정에서 물러나 식사하는 것을 말한다. 『시경』「소남(召南)·고양(羔羊)」에
  "고양의 가죽이여, 흰 실로 다섯 군데를 꿰맸도다. 조정에서 물러 나와 밥 먹으니, 의젓
  하고 의젓하도다.[羔羊之皮, 素絲五紽. 退食自公, 委蛇委蛇.]"라고 나온다.

여기에 남겨두어 봄 풍경 차지하게 해야 하리.
漢宮嬌額半塗黃, 粉色淩寒透薄妝。
好借月魂來映燭, 恐隨春夢去飛揚。
風亭把盞酬孤豔, 雪徑回輿認暗香。
不爲調羹應結子, 直須留此占年芳。

2.
매실은 고관이 맛보기를 탐하지 않아
붉은 살구보다 우연히 먼저 봄 풍경 차지하네.
섣달 눈으로 하여금 자신을 감추게 하고는
도리어 봄바람 두려워하며 은은한 향기 풍기네.
연화분 바르지 않으니 경국지색임을 알겠고[53]
구름 명주로 마름질하니 신선 의상인 듯하네.
두보가 너로 인해 시흥에 이끌려서는[54]
무심히도 해당화를 노래했었지.[55]

52 원문의 조갱(調羹)은 간을 맞추어 국을 끓이는 것으로, 재상이 되어 임금을 보필함을
말한다. 은(殷)나라 고종(高宗)이 부열(傅說)을 재상으로 삼으면서 "간이 맞는 국을 만
들 때, 네가 오직 소금이요 매실이로다.[若作和羹, 爾惟鹽梅]"라고 한 데에서 유래한다.
『서경』「열명(說命) 하」에 나온다.

53 연화(鉛華)는 부녀자들이 화장에 사용하는 연분(鉛粉)이다. 조식(曹植)의 〈낙신부(洛神
賦)〉에 "방택을 더하지 않고 연화도 바르지 않았네[芳澤無加, 鉛華弗御.]"라고 나온다.

54 남조(南朝) 양(梁)나리 히손(何遜)이 견안왕(建安王)의 수조관(水曹官)으로 양주(楊州)
에 있을 적에 관청 뜰에 매화 한 그루가 있으므로 매일 그 나무 아래에서 시를 읊곤
하였다. 뒤에 낙양에 돌아갔다가 그 매화가 그리워서 다시 양주로 발령해주길 청하여
양주에 당도하니, 매화가 한창 피었기에 매화나무 아래서 종일토록 서성거렸다. 두보는
「화배적등촉주동정송객봉조매상억견기(和裴迪登蜀州東亭送客逢早梅相憶見記)」에서
이 고사를 인용하여 "동각의 관매가 시흥을 돋우니, 하손이 양주에 있을 때와 같구나.[東
閣官梅動詩興, 還如何遜在楊州.]"라고 시를 지었다.

55 이벽의 주에, 『시화』에 "두자미는 어머니의 이름이 해당(海棠)이었으므로 시집 중에

結子非貪鼎鼐嘗, 偶先紅杏占年芳。
從教臘雪埋藏得, 卻怕春風漏洩香。
不禦鉛華知國色, 秖裁雲縷想仙裳。
少陵爲爾牽詩興, 可是無心賦海棠。

3.
얕디 얕은 못에 짧디 짧은 담장
해마다 너를 위해 좋은 시절 아쉬워한다.
사람들 향해 말 없는 정의(情意) 스스로 지니고
하늘은 경국의 아름다움에 지극한 향기 주었지.[56]
하늘하늘 황금빛 꽃술은 위태로워 떨어지려 하고
붉은 밀납 같은 둥그런 꽃받침은 교묘하게 치장했네.
아름다워라 하나의 빙설과 같아서
봄바람에 기대어 담소가 향기롭네.
淺淺池塘短短牆, 年年爲爾惜流芳。
向人自有無言意, 傾國天教抵死香。
鬚裊黃金危欲墮, 蒂團紅蠟巧能裝。
嬋娟一種如冰雪, 依倚春風笑語香。

해당화 시가 없다. 하지만 「춘야희우(春夜喜雨)」에서 '새벽에 붉게 젖은 곳을 보니,
금관성의 꽃이 봄비에 무거워졌구나[曉看紅濕處, 花重錦官城.]'이라고 한 것은 해당화
가 아니면 이에 해당하지 않는다."라고 하였다.

56 『한서』「외척전(外戚傳)·이부인(李夫人)」에 "북방에 미인이 있으니, 세상에 견줄 이
없게 홀로 뛰어나, 한번 돌아보면 남의 성을 망치고, 두 번 돌아보면 남의 나라를 망치
네.[北方有佳人, 絶世而獨立. 一顧傾人城, 再顧傾人國.]"라고 나온다.

경복전 앞 측백나무
景福殿前栢

향기로운 잎이 원래 추운 날씨를 잘 견디어[57]

몇 번이나 수레 멈추고 감상케 하였던가.[58]

뿌리는 어수(禦水)에 통하여 용이 웅크리고 있고

가지는 궁궐 구름에 닿아 학이 다시 깃드네.

괴석은 임금께 삼품의 이름을 잘못 받았고[59]

노송은 대부의 관품을 먼저 얻었지.[60]

그대의 곧은 절개 영모(榮慕) 없음을 알겠으니

세상의 총애와 욕됨을 하나처럼 보는구나.

香葉由來耐歲寒, 幾經眞賞駐鳴鑾。

根通禦水龍應蟄, 枝觸宮雲鶴更盤。

怪石誤蒙三品號, 老松先得大夫官。

知君勁節無榮慕, 寵辱紛紛一等看。

---

57 『논어』「자한(子罕)」에 "날씨가 추워진 뒤에야 송백이 늦게 시드는 것을 알 수 있다.[歲寒然後, 知松柏之後凋也.]"라고 나온다.

58 명란(鳴鑾)은 수레를 끄는 말의 고삐에 달아 쟁글쟁글 울리게 하는 방울을 말한다. 왕발의 〈등왕각서〉에 "등왕의 높은 누각이 강가에 임해 있는데, 패옥과 울리는 방울 가무도 다 파했네.[滕王高閣臨江渚, 佩玉鳴鑾罷歌舞.]"라고 나온다.

59 이벽의 주에 "대성(臺城) 천복원(千福院) 앞에 괴석 4개가 있는데 높이가 각각 1장 여이며 진조(陳朝) 삼품석이라고 한다. 정화(政和) 연간에 경사(京師)로 가지고 와서 연복궁(延福宮) 앞에 두었다."라고 하였다.

60 이벽의 주에 "진시황이 태산에 봉선제를 올릴 때 비를 만나 소나무 아래로 피하였는데, 그후 소나무를 오대부(五大夫)에 봉하였다."라고 하였다.

담장 서쪽 나무
墙西樹

담장 서쪽 높은 나무 빽빽한 그늘 지어
노년에 그곳 향해 산보하여 머무네.
백일은 자꾸 옮겨가 내 늙음 재촉하고
청풍 한 번 불어와 내 수심을 깊게하네.
분분한 저녁 새는 놀라 날아갔다 다시 모이고
미약한 가늘 매미는 울며 쉬려 하네.
고개 돌려 보니 옛 임천에 돌아가지 못하니
나무 보며 다시 몇 해나 지나갔는지.

牆西高樹結陰稠，步屧窮年向此留。
白日屢移催我老，清風一至使人愁。
紛紛暝鳥驚還合，渺渺涼蟬咽欲休。
回首舊林歸未得，看看知復幾春秋。

도마령에서 신로에게 부치다
度麻嶺寄莘老

구구히 역마 타고 겨울에서 봄으로 바뀌니
야반에 벼랑 위에서 이 몸을 맡기네.
어찌 왕준을 사모하여 나라에 몸 바칠 수 있으리[61]

---

61 왕준(王尊)이 익주자사로 옮겨갔는데, 이에 앞서 낭야(琅琊)의 왕양(王陽)이 익주자사
였다. 행부(行部)하여 공협(邛峽) 구절판(九折坂)에 이르러 탄식하기를 "선조가 주신
몸을 받들고 어찌 이처럼 험한 곳을 자주 다니겠는가.[奉先人遺體, 奈何數乘此險.]"라

다만 모의와 같이 사사로이 어버이를 위하려네.[62]

시위(施爲)는 이미 평생의 학문을 무너뜨려

적막한 교외 물가로 돌아가길 오히려 꿈꾸네.

풍월을 읊조림은 노동자의 일이니[63]

내 마음 알아줄 이 아무도 없으리.

區區隨傳換冬春, 夜半懸崖托此身。

豈慕王遵能許國, 直緣毛義欲私親。

施爲已壞生平學, 夢想猶歸寂寞濱。

風月一歌勞者事, 能明吾意可無人。

고 하고는 병을 핑계로 사직하였다. 왕준이 익주자사가 된 후 이 구절판에 이르러 "이곳
은 왕양이 두려워한 곳이 아닌가?"라고 하자 이서(吏胥)가 그렇다고 하였다. 왕양은
마부를 꾸짖으며 "왕양은 효자가 되었지만, 나는 충신이 되겠노라.[王陽爲孝子, 王尊爲
忠臣.]"라고 하였다. 『한서』「왕준전(王尊傳)」에 나온다.

62 이벽의 주에 "여강(廬江)의 모의(毛義)는 부격(府檄)을 받들고 기뻐하자 장봉(張奉)이
마음 속으로 천하게 여겼다. 그런데 어머니가 돌아가자 징벽(徵辟)에 한 번도 나아가지
않았다. 장봉이 탄식하여 말하길 '현자는 실로 헤아릴 수 없으니, 예전에 기뻐한 것은
어버이를 위해 굽힌 것이었구나.'라고 하였다. 본래 세상에 쓰이는 것에 마음 쓴 것이
아니라 어버이를 위해 벼슬하였음을 말한다."라고 나온다.

63 『한시외전』에 "굶주린 자는 음식을 노래하고 노동하는 자는 자신의 일을 노래한다.'라
고 나온다.

송 왕형공 이체시초 권3

양천 허균 단보씨(端甫氏) 선(選)

적양공과 도연명은 모두 팽택령을 했었는데 지금까지 사당이 있다. 도경순이 시를 지어 보여주니 이어서 한 수를 짓다

狄梁公陶淵明俱爲彭澤令至今有廟在焉刀景純作詩見示繼以一篇

적양공[1]은 장렬한 기개로 귀신에게 맞섰고[2]

도연명은 청결한 몸을 술꾼으로 기탁하였네.

정사는 방릉에 있으나[3] 무슨 일이 되었고

---

1   적량공(狄梁公)은 당(唐)나라 때의 문신 적인걸(狄仁傑, 630~700)의 시호이다. 자는 회영(懷英)이며 병주(並州) 진양(晉陽)[지금의 산서성(山西省) 태원시(太原市)] 사람이다. 당나라 때의 정치가이며 무측천 정권시기에 재상을 지냈으며, 방릉에 귀양가 있던 왕자 이현(李顯)을 다시 태자가 되도록 무측천을 설득하여 이당(李唐) 왕조가 복귀되는 데 큰 공을 세웠다. 당 중종(唐中宗) 이현이 즉위하자 사공(司空)에 추증되었고 당예종(唐睿宗) 즉위 후에 양국공(梁國公)으로 추증되었다.

2   『태평광기(太平廣記)』 권329에 적인걸이 귀신 들린 집을 두려워하지 않았다는 기사가 있다. 적인걸이 녕주자사(寧州刺史)로 있을 적에 자사의 저택에 귀신이 있다하여 오래동안 황폐하게 내버려두었는데 적인걸은 두려워하지 않고 그 집에 들어가 살았으며 며칠 기이한 일이 벌어지자 엄숙하게 귀신을 꾸짖으며 할 말이 있으면 예를 갖추어 나타나라고 하자 한 사람이 의관을 갖추고 나타나서 자신의 시체가 뜰아래 나무 밑에 묻혀있는데 뿌리에 몸이 감겨서 왕생하지 못하고 있다고 하소연하였다. 이튿날 나무 밑을 파보니 과연 그러하여 시체를 옮겨 이장하였더니 다시는 흉한 일이 없었다고 한다. 기허(夔魖)는 중국 신화 속에 나오는 산림 속의 괴물을 말한다.

3   방릉(房陵)은 당 중종(唐中宗) 이현(李顯)이 무측천에게 쫓겨나서 노릉왕(廬陵王)이 되어 유배되어 있던 곳이다. 당시 재상이었던 적인걸이 무측천 여황제를 설득하여 마침내 노릉왕을 다시 궁중으로 불러들여 황태자로 세우고 훗날 황위에 오르게 하여 이당

연월을 갑자로 썼으나[4] 무슨 필요 있는가?
강산과 팽택에는 부질없이 초상만 남았고
세월이 지나 시상[5]에는 옛 모습이 없네.
말속에 이런 풍격 떨치지 못하니
시옹이 탄식하지 않을 수 없네.

梁公壯節就爰魖, 陶令淸身托酒徒。
政在房陵成底事, 年稱甲子亦何須。
江山彭澤空遺像, 歲月柴桑失故區。
末俗此風猶不競, 詩翁歎息未應無。

배여회의 오강 관리 부임을 전송하며
送裴如晦宰吳江

까만 머리 붉은 얼굴의 소년들이
복건을 쓰고 서로 담소하며 즐거워하네.
시상에서 이별한 후 삼경만 남았는데

(李唐) 왕조를 회복하였다. 이것은 적인걸의 중요한 정치적 공적의 하나로서 그의 우국 우민과 이당 왕조에 대한 충성심을 보여주었다.

4 도연명은 중국의 동진(東晉) 말기에서 남조(南朝)인 유송(劉宋) 초기에 살았다. 특히 그의 생의 마지막 칠년을 유송 왕조에서 살았는데, 《송서(宋書)·도잠전(陶潛傳)》에 의 하면 도연명은 그의 문장에서 진 안제(晉安帝)의 마지막 연호인 의희(義熙) 이전에는 모두 동진의 연호를 썼으나 동진을 멸망시키고 세운 남조 송왕조의 무제(武帝) 유유(劉裕)의 첫 번째 연호인 영초(永初) 이후로는 연호를 쓰지 않고 오직 갑자로 연월을 기록 하였다고 한다. 이로써 유송 왕조를 섬기지 않고 동진에 대한 충성심을 보였다.

5 시상(柴桑)은 옛 지명으로서 도연명이 고향이라고 한다. 이후 도연명을 가리키거나 고향이란 뜻으로 사용되었다.

봉록을 버리고 돌아와서 텃밭만 가꾸네.
도성에서 만나면 누가 술을 살건가
쓸쓸한 강현에는 거문고 소리 사라졌네.
그래도 보리[6]에 영령이 있을 것 같아
도착하는 날 그대 맘대로 배를 대리라.

靑髮朱顔各少年, 幅巾談笑兩歡然。
柴桑別後餘三徑, 天祿歸來盡一廛。
邂逅都門誰載酒, 蕭然江縣去鳴弦。
猶疑甫里英靈在, 到日憑君爲艤船。

낙도가 꽃을 보낸 것에 차운하다
次韻樂道送花

심수[7]의 명원에는 자연경물이 좋아
노반[8]에 담아 자손 집에 나누어주네.
새롭게 단장하여 누구를 맞이하고
다채로운 문필은 몇 잎의 꽃을 그리려는고?
일찍이 영중의 백설가[9]를 따라 불렀고

---

6 보리(甫里)는 지명, 현재 중국 강소성(江蘇省) 소주시(蘇州市) 오중구(吳中區)에 있는
   마을인 녹직(甪直)이며 당나라 때 시인인 육구몽(陸龜蒙)의 필명인 보리선생(甫里先生)
   에서 따와 '보리(甫里)'라고도 한다.
7 심수(沁水)는 중국 산서성(山西省)에서 발원(發源)하여 하남성(河南省)을 거쳐 황하(黃
   河)로 들어가는 강.
8 노반(露盤)은 탑의 최상부 옥개석 위에 놓아 상륜부를 받치는 부재, 승로반(承露盤,
   하늘의 이슬을 받는 장치)의 준말이다. 중국에서 이슬을 받아 옥가루를 섞어 마시면
   장수한다는 도교 사상에서 붙여진 이름이다.

또한 하늘의 신선주도 마셨네.
봄바람을 이미 한마음으로 감상하였으나
더욱 술과 시를 가져다가 자랑하려네.
沁水名園好物華, 露盤分送子孫家。
新妝欲應何人面, 彩筆知書幾葉花。
曾和郢中歌白雪, 亦陪天上飮流霞。
春風已得同心賞, 更擬攜詩載酒誇。

수대
愁臺

무너진 담과 버려진 우물에 모래펄이 뒤덮히고
늙은 나무와 우거진 잡초에 일여덟 가구뿐이네.
물세는 동남으로 흘러 땅을 갈라놓았고
하늘은 남북으로 기울어 성을 기대고 있네.
술을 마시고 말을 마친 후[10]에 다시 멀리 바라보고
두건을 치올리며 시를 지으나 한탄소리만 되네.
만사는 자연의 이치를 따라 지금 백발이 되었으니

---

9 영(郢)은 춘추시대 때 초나라의 도성이고 백설(白雪)은 초나라의 예술성이 높아 통속적
   이지 않은 아악곡 「양춘백설(陽春白雪)」을 가리킨다.
10 중국의 오대(五代)시기 후당(後唐)의 장종(莊宗)과 명종(明宗)이 서로 왕위를 두고 다투
   어 싸웠는데 장종이 군대를 거느리고 낙양에서 출발하여 중모만승진(中牟萬勝鎭)에
   이르러 명종이 이미 개봉을 차지하였다는 소식을 듣고 낙심하여 황량한 무덤 위에
   올라 술을 마셨다. 이때 지나가는 마을 사람에게 물어보니 이곳이 곧 수대(愁台)라고
   알려주었다. 장종은 술을 마시고 난 뒤 수대에 올라 "나는 성공하지 못하네(吾不濟亦)"
   라고 말하고 돌아갔다는 전설이 있다.

일년도 쉽게 황화꽃이 되버리네.

頹垣斷塹有平沙, 老木荒榛八九家。

河勢東南吹地坼, 天形西北倚城斜。

傾壺語罷還登眺, 岸幘詩成卻歎嗟。

萬事因循今白髮, 一年容易卽黃花。

황길보에게 보내다
寄黃吉甫

우리들 중에 문무를 겸한 학문이었으니

이별 후에는 그대의 용맹한 모략을 볼 것이요.

묘당의 안전을 누가 지킬 것인가 묻겠네

변방엔 아직도 이적의 소동이 전해오고 있으니.

깃발은 급히 준마를 이끌어 달리고

봉화는 멀리 태백성 높이 이어지네.

듣건대 남쪽 사람들도 모두 지쳤으나

집집마다 봄술을 내어주기를 원한다네.

學兼文武在吾曹, 別後應看虎豹韜。

欲問廟堂誰鎭撫, 尙傳邊塞敢驚騷。

旌旗急引飛黃下, 烽火遙連太白高。

聞說荊人亦憔悴, 家家還願獻春醪。

왕몽주를 보내다
送王蒙州

동남쪽으로 외직을 청하여 가는 길을 재촉하고
제방둑을 물결치는 강물은 붉은 깃발 비추네.
인자한 명성은 이미 봄바람 따라 전해졌는데
사절은 오히려 북두성을 관측하며 가고 있네.
화살 떨어지는 곳에 검은 매 약은 토끼 모두 피하고
말이 전하는 곳엔 남해의 악어도 놀라네.
기린은 인간 세상의 물건이 아니니
한나라 조서를 내리려면 먼저 가의(賈誼)를 불러야 마땅하리.
請郡東南促去程, 拍堤江水照紅旌。
仁聲已逐春風到, 使節猶占夜斗行。
箭落皁鵰毚兔避, 句傳炎海鱷魚驚。
麒麟不是人間物, 漢詔先應召賈生。

장굉을 보내며
送章宏

의기투합한 자 자고로 찾기 어려운데
어찌 초나라 형옥을 알아보는 화씨가 없겠는가.
흐린 강물에 물새 문양을 그린 배를 띄우고
가벼운 돛대는 천리를 달려 무구에 이르네.
몸은 물러가도 어찌 공자의 도에 나아감을 싫어하리오
학문을 이룬다면 장차 뭇사람의 구함을 깨달으리라.

서풍에 구하여 동남의 수령자리 얻었으니
지팡이 짚고 돌아올때 나를 찾아올수 있는가?

道合由來不易謀, 豈無和氏識荊璆。
一川濁水浮文鷁, 千里輕帆落武丘。
身退豈嫌吾道進, 學成方悟衆人求。
西風乞得東南守, 杖策還能訪我不。

차운하여 송 중산에게 화답하다
次韻酬宋中散

지방관이 되어 황궁에서 처음 만날 때에
동각에 참여하여 남방을 부탁하였네.
때때로 그대의 정확한 언론을 듣곤 의혹을 풀었고
매번 그대의 고아한 문장을 읽곤 오만을 꺾었네.
옛 발자국 찾으려 해도 다시 없고
옛 은혜를 보답하려 하니 강같이 흐르네.
오늘 풍류 가공자를 보니
은퇴하려던 심란한 마음 한편 가라앉네.

初見彤庭賜履雙, 便參東閣寄南邦。
時聞正論除疑網, 每讀高辭折慢幢。
陳跡欲尋無復日, 舊恩思報有如江。
風流今見佳公子, 投老心旌一片降。

차운하여 송기에게 주다
次韻酬宋玘

1.

비 내리고 바람 부는 일월의 봄날에
산에 붉은 꽃 푸른 잎 가득하네.
치마자락 걷어올리고 들로 나가니 누가 날 따라 오리오
지팡이 짚고 빈 산언덕에 오르니 홀연 그대가 보이네.
친구와 마주 앉아 새해의 술을 마시며
백발이 되어 젊을 적 시문을 되새겨 읽어보네.
세상을 살아감엔 끝내 도움이 안됨을 한탄하니
오래도록 인재가 윗사람에게 전해짐이 막혔네.

洗雨吹風一月春, 山紅漫漫綠紛紛。
褰裳遠野誰從我, 散策空陂忽見君。
靑眼坐傾新歲酒, 白頭追誦少年文。
因嗟涉世終無補, 久使高材雍上聞。

2.

한들한들 봄바람에 타향 나그네 되어
늙은 눈이 먼저 봄꽃을 보았네.
멀리서 그대에게 전하려하나 잔소리일까 부끄럽고
늙어서 세상 풍속 따를 것을 아나 칭찬을 싫어하네.
지난날 궁달은 꿈만 같으니
추호의 득실을 어찌 더욱 한탄하리오.
오랜 벗을 만나면 오직 취할 뿐이니
취중에 의복과 두건이 비뚤어지도록 내버려두세.

東風渺渺客天涯, 病眼先春已見花。

遠欲報君羞强聒，老知隨俗厭雄誇。
窮通往事眞如夢，得失秋毫豈更嗟。
邂逅故人唯有醉，醉中衣幘任欹斜。

3.
무능하여 스스로는 밭 한뙈기 얻기만 바랄뿐이니
때에 따른 농산물은 어찌 계연[11]을 배울 수 있으리오.
우물 파다가 안되면 격양가를 부르고
곰을 쏘다가 오히려 상제의 거처를 꿈꾸었네.[12]
멀리 고국에 돌아오는 날을 생각하며
새로운 은혜를 남기려해도 이미 지난해가 되었네.
그대와 손잡고 노니는 것이 가장 즐거운 일이요
봄바람에 강물은 출렁출렁 흐르네.

無能私願秪求田，時物安能學計然。
鑿井未成歌擊壤，射熊猶得夢鈞天。
遙思故國歸來日，留滯新恩已去年。
攜手與君遊最樂，春風波上水濺濺。

---

11 계연(計然)은 중국 춘추시기(春秋時期) 사람 신연(辛硏), 자는 문자(文子), 생졸년 미상, 계산에 능통하여 "계연"이라 부른다.

12 춘추(春秋)시기에 진(晉)나라의 경대부 조간자(趙簡子)가 꿈속에서 천제가 사는 거처인 균천에서 노닐며 활로 곰을 쏘아 죽였고, 또 그의 아들이 천제 옆에 있는 것을 보았다. 꿈에서 깨어난 후에 그는 곧 서자 무휼(毋恤)을 어질다고 여기고 태자로 삼았다. 『사기(史記)』「조세가(趙世家)」에 나온다.

오정중에게 부친 시를 마행지, 도관 매성유, 태부가 화운하여 부쳐줌을 받아 그 운에 따라 시를 지어 화답하다
寄吳正仲卻蒙馬行之都官梅聖兪太傅和寄依韻酬之

산수시인 사조(謝朓)가 떠난 후론 텅 비었으나
시인들은 여전히 이곳으로 찾아왔다네.
소시는 그나마 고분[13]을 논하겠지만
대구는 두 영웅을 욕되게 할지 어찌 알리요.
진나라 갑옷은 오랫동안 초나라 날카로운 검을 근심하였고
조나라 병사는 지금 한나라 붉은 깃발 때문에 난처하네.
성을 등진 전투 후 남은 잔병 감히 거두지 못하고
말머리는 오로지 급히 동쪽으로 달리려 하네.

山水玄暉去後空, 騷人還向此間窮。
小詩聊與論孤憤, 大句安知辱兩雄。
秦甲久愁荊劍利, 趙兵今窘漢旗紅。
背城不敢收餘燼, 馬首翩翩只欲東。

평보[14]에게 부치다
寄平甫

어릴 적 학문은 내 한몸 위함이 아니건만

---

13 한비자가 지은 글의 편명이다. 사마천은 『사기』에서 "「고분」은 고직하여 세상에 용납되지 않음을 분개한 것이다."라고 하였다.
14 평보(平甫)는 왕안석의 동생 왕안국(王安國, 1028~1076)의 자(字)이다. 송신종(宋神宗) 강녕원년(熙寧元年, 1068年)에 진사급제하여 서경국자감교수(西京國子監敎授)가 되었고 7년 뒤에 병사하였다. 왕안국은 시에 능하였으며 왕안석과 수창시가 매우 많다.

늙어서 돌이키니 각자 부끄럽구려.

말을 타고 종자가 따르니 정말 소란하고

논밭과 살림집만 구하니 유유자적하구려.

거문고 타는 소리의 고국은 평생의 낙이요

안장 얹은 말은 새해에 며칠이나 머무를까?

채찍을 날리며 버드나무 길을 달릴 것을 생각하니

봄바람이 나보다 먼저 황성에 도착하네.

少時爲學豈身謀, 欲老低回各自羞。

乘馬從徒眞擾擾, 求田問舍轉悠悠。

弦歌舊國平生樂, 鞍馬新年幾日留。

坐想搖鞭楊柳路, 春風先我入皇州。

진백통, 전재옹과 산을 유람하고 그들이 시가 있어 차운하다
同陳伯通錢材翁遊山且君有詩因次元韻

가을이 오니 한가로운 흥이 나 매번 산에 올라

사찰을 두드리고 푸른 산을 바라보네.

여윈 말을 억지로 달려 산수를 찾아다니고

숨은 새를 놀래켜 안개속으로 날아가네.

동시에 구경하나 슬픔과 기쁨이 다르니

자고로 이름을 구하지 않는 자는 취향도 깊도다.

어찌하면 산과 호수가 내 손에 돌아오게 하리오

조용히 구름을 보며 무심을 배워야 하리.

秋來閑興每登臨, 因叩精藍望碧岑。

强策羸驂尋水石, 忽驚幽鳥下煙林。

同時覽物悲歡異, 自古忘名趣向深。
安得湖山歸我手, 靜看雲意學無心。

모용 원외에게 주다
酬慕容員外

처음 임금을 보좌할 때에는 학자들의 스승이었는데
만년에 강호로 떠돌 때에는 뭇사람들이 슬퍼하였네.
허리춤의 머리털도 불어 끊는 예리한 검[15]을 알아보지 못했고
소매 속에 여전히 허벅다리 찌르는 송곳[16] 숨겼네.
위청과 곽거병의 공명은 그래도 천명이 있었지만
소진(蘇秦)과 장의(張儀)의 재능은 오래도록 난세에 있었네.
강호에서 만나면 응당 술을 마셔야 할 것이니
궁한 근심을 양미간에 놓지 마세.

初駕王門學者師, 晩漂湖海衆人悲。
吹毛未識腰間劍, 刺股猶藏袖裏錐。
衛霍功名還有命, 蘇張才氣久非時。
江尤亦見應須飮, 莫放窮愁入兩眉。

15　취모검은 머리카락을 칼날 위에 가로놓고 입으로 훅 불면 싹뚝 잘린다는 대단히 예리한
　　칼을 말한다. 당나라 이기(李頎)의 〈최오륙도병풍각부일물득오손패도(崔五六圖屛風
　　各賦一物得烏孫佩刀)〉 시에 "烏孫腰間佩兩刀, 刃可吹毛錦爲帶"라는 구절이 있다.
16　전국시기의 소진(蘇秦)이 분발하여 독서할 적에 졸음이 오면 송곳으로 자기 허벅지를
　　찔러 졸음을 물리쳤다는 고사가 있다.

차운하여 자옥 동년에게 화답하다
次韻酬子玉同年

훌륭한 덕은 막북을 엿볼 마음이 없었고
오랑캐도 세력이 약해지는 것을 두려워하였네.
변방의 성채는 높은 보루에 깊은 도랑을 판 곳이요
막부에서는 가벼운 가죽옷과 느슨한 띠를 맨 때이네.
조나라 장수는 모두 이목[17]을 그리워하였고
초나라 음악은 그 자체로 종의[18]를 감동시켰네.
부끄럽도다 그대가 나와 함께 변방군무를 의논하나
평생 조두를 다룬지라 아는 것이 적도다.

盛德無心漠北窺, 蕃胡亦恐勢方羸。
塞垣高壘深溝地, 幕府輕裘緩帶時。
趙將時皆思李牧, 楚音身自感鍾儀。
慚君許我論邊鎖, 俎豆平生卻少知。

---

17 이목(李牧)은 전국 시대 조(趙) 나라의 명장(名將). 흉노(匈奴)를 방비(防備)함에 있어
   적이 침입하면 대항하지 않고 군민(軍民)을 철수하여 성(城) 안으로 들어와서 사기를
   배양하며 지키다가, 상대가 태만해진 때를 노려 불의(不意)에 공격하는 작전(作戰)을
   써서 흉노를 물리쳤다.

18 종의(鍾儀)는 춘추시대 초(楚)나라 사람이며 거문고를 잘 쳤다. 진(晉)나라에 포로가
   되어 가니 초수(楚囚)라 불리었고, 진후(晉侯)가 음악을 해보라고 시키므로 자기 고국
   초나라 음악을 연주했다.

배여회에게 화답하다
酬裴如晦

월나라에서 이년의 나그네 생활
동남지방에서 병이 더욱 심해졌네.
수명이 짧은 자식은 장자의 뜻을 편안히 따르지 못하고[19]
부모 생일 잔치 베푸니 노나라 제후의 마음 위로하였네.
빛깔 고운 국화꽃은 서리 앞에서 꽃술 내고
쓸쓸한 오동나무는 햇빛 아래에서 그늘지네.
탁주 한잔 기울이니 온 눈에 가을 풍경
뜻은 같지만 술은 같이 마시지 못해 아쉽네.
二年羈旅越人吟, 乞得東南病更侵。
傷子未安莊氏義, 壽親還慰魯侯心。
鮮鮮細菊霜前蘂, 漠漠疎桐日下陰。
濁酒一杯秋滿眼, 可憐同意不同斟。

정굉중에게 화답하다
酬鄭閎中

쓸쓸한 행로에 백발이 되어가고
산림을 돌아보니 아직도 묘연하네.

---

19 원문의 상자(殤子)는 수명이 짧은 사람. 『장자(莊子)·제물론(齊物論)』에 "천하에 가을
    짐승의 털끝보다 더 큰 것이 없고, 태산은 작다고 할 수 있다. 어려서 죽은 아이보다
    장수한 자는 없고, 팽조도 일찍 죽었다고 할 수 있다.[天下莫大於秋毫之末, 而大山爲
    小, 莫壽於殤子, 而彭祖爲天。]"라는 구절이 있다.

박봉은 부모 봉양하는 일만 알뿐이요

다섯 찻집은 남보다 앞서지 못하네.[20]

문장은 이 세상에서 내가 누굴 부러워하리오

그대의 의로운 행실은 모두들 전하고 있네.

마땅히 나를 도와줄 좋은 말이 있을 것이니

좋은 시편을 보내줄 수 있는가?

蕭條行路欲華顚, 廻首山林尙渺然。

三釜秖知爲養急, 五漿非敢在人先。

文章滿世吾誰慕, 行義如君衆所傳。

宜有至言來助我, 可能空寄好詩篇。

여온경에게 부치다
寄余溫卿

바람 불어 구름이 흩어지니 이 마음 어찌할 수 없고

하늘 끝으로 흩어진 친구들 다시 모일 길이 없구나.

부질없이 상국으로 전하는 편지

누가 남산의 백옥 소리에 화합하겠는가.

평소 이별의 슬픔에 허리띠 느슨해지고

늦봄에 돌아가고픈 마음이 거문고 소리에 가득하구나.

끝내 일명에 돌아가 휠휠 수레를 달리고

---

20 원문의 오장(五漿)은 『장자(莊子)』「열어구(列禦寇)」에 나온 오장선궤(五漿先饋)의 전
    고이다. 다섯 곳의 찻집에서 맨 먼저 음식을 갖다 줌. 곽상(郭象)은 "그들이 자기를
    공경함을 말함이다[言其敬己]."라고 풀이했다.

홀로 회계산의 단수 그늘 아래를 지나가네.
雲散風流不自禁, 天涯無路盍朋簪。
空馳上國靑泥信, 誰和南山白石音。
平日離愁寬帶眼, 訖春歸思滿琴心。
終回一命翩翩駕, 獨過稽山鍛樹陰。

진순유가 제과[21] 후 동쪽으로 돌아감을 보내며
送陳舜兪制科東歸

제현이 미앙궁에서 시험 문제를 내었는데
오직 치천의 한 노옹만 뽑았네.
길을 잘못 든 학문 만년에 끝내 한나라 재상이 되어
도도한 의논 평소에 주공을 함부로 말하였네.
그대 지금 젊은 나이에 과거 급제하였으니
나는 다른 때에 그대 공적을 보려고 하네.
듣자하니 감개무량하여 정말 마음이 있으니
이별에 애오라지 옛사람의 풍류 닮았네.
諸賢發策未央宮, 獨得菑川一老翁。
曲學暮年終漢相, 高談平日漫周公。
君今壯歲收科第, 我欲他時看事功。
聞說慨然眞有意, 贈行聊似古人風。

---

21 원문의 제과(制科)는 천자가 주관한 임시 과거 시험.

아우와 함께 화장원 차군정에서 대나무를 읊다
與舍弟華藏院此君亭詠竹

한 줄기 좁은 길에 숲이 우거지고 주위가 시원하며
기울어져가는 해와 남아도는 소리는 얼마나 긴지.
사람들은 곧은 절개와 태생의 여윔을 가엾이 여기고
스스로 높은 재능 늙어서 더욱 강직하게 여겼네.
쑥과 명아주와 함께 비와 이슬을 맞을 것이나
끝내는 소나무 측백나무와 함께 얼음과 서리 때까지 가네.
그대 뿌리와 그루터기 아껴둘 것을 권하네
영륜에게 구하여 봉황이란 음악을 배우려고 하네.

一逕森然四座涼, 殘陰餘韻去何長。
人憐直節生來瘦, 自許高材老更剛。
會與蒿藜同雨露, 終隨松柏到冰霜。
煩君惜取根株在, 欲乞伶倫學鳳凰。

상원절(정월 보름날)에 장남삼아 공보[22]에게 올리다
上元戲呈貢父

수레와 말들이 분분하니 대낮과 같고
수많은 집들의 등불이 봄바람 따스하게 하네.
남다른 하늘 문은 별천지 밖에 있고
빼어난 봉래산은 부요한 땅 가운데 있네.

---

22 중국 북송 때의 문인 유반(劉攽, 1023~1089), 자가 공보(貢父)이다. 소식(蘇軾, 1037~
   1101)과 유반의 재미있는 일화 "효반취반(皛飯毳飯)"이 잘 알려져 있다.

번화함 모두 취해 협기 있는 소년에게 주고
오직 쓸쓸함만 늙은이에게 남겨 주네.
태을은 어느 곳에서 노니는지 알지 못하나
반드시 청려장을 홀로 그대에게만 비추리.

車馬紛紛白晝同, 萬家燈火暖春風。
別開閶闔壺天外, 特起蓬萊陸海中。
盡取繁華供俠少, 秪分牢落與衰翁。
不知太乙遊何處, 定把靑藜獨照公。

양낙도의 술회 시에 차운하다
次韻楊樂道述懷之作

평소 마음 매우 선현을 흠모하나
낡은 구습에 백발이 되어감을 스스로 탓하네.
사냥하여 비교하고 때를 따르는 것은 끝내 잡다한 일이요
벽에 그림을 그리며[23] 직무에 힘쓰니 참으로 유유하도다.
호수다리 위에서 물고기의 낙을 아는 것을[24] 가장 기억하고
돼지 우리 곁에서 돼지 입장을 생각하며[25] 다시금 부끄러워 하도다.

---

23 원문의 화만(畫墁)은 훼와획마(毁瓦畫墁)의 줄임말로 기와를 헐고 흙손질을 해 놓은
    벽에 금을 긋는다는 뜻으로, 남의 집에 해를 끼침을 이르는 말.
24 원문의 지어락(知魚樂)은 『장자(莊子)』「추수(秋水)」편에 나오는 고사로서 장자와 혜
    자의 "물고기의 즐거움을 알다"에 관한 대화인데, 지어지락(知魚之樂) 또는 호량지변
    (濠梁之辨)이라고도 한다.
25 원문의 체모(彘謀)는 『장자(莊子)』「달생(達生)」에 나오는 고사로서 "돼지 입장에서
    말을 한다면 겨나 지게미를 먹으면서 살더라도 돼지우리 속에 그냥 두는 것이 좋겠다라
    고 했을 것이다.(爲彘謀, 曰不如食以糠糟而錯之牢筴之中)", "돼지의 입장에서 생각할

아직 나를 위로할 옛 친구가 있어
주옥같은 시를 이루면 매번 나에게 보내주네.
素心非不慕前修, 自怪因循欲白頭。
獵較趣時終瑣瑣, 畫墁營職信悠悠。
濠梁取憶知魚樂, 牢笑翻慙爲鼫謀。
尙有故人能慰我, 詩成珠玉每相投。

양낙도가 보내준 시에 화운하다
和楊樂道見寄

자택은 다섯 무 남짓의 원림이 있으나
쓸쓸하기가 사마상여의 거처와 닮았네.
저술한 책들은 서가에 가득하니 새로 베껴 쓴 것들이오
빛이 들어오는 것을 창문 삼아 오래도록 방을 비웠네.[26]
고학은 자연히 깊은 이치를 깨닫기 어려운데
중언은 오히려 엉성한 학문에 위로 받았네.
그리움에 매번 시 모임에 보내고 싶지만
오직 춘포의 잎이 나기를 기다려 또 쓰겠네.
宅帶園林五畝餘, 蕭條還似茂陵居。
殺靑滿架書新繕, 生白當窗室久虛。

　　때는 그의 편안한 삶을 부정하면서도 자신의 입장에서 생각할 때는 편안한 삶을 취하고
　　있으니[爲鼫謀則去之, 自爲謀則取之]"라는 말에서 인용된 것이다.
26　허실생백(虛室生白)의 말로서 방을 비우면 빛이 생긴다는 뜻으로, 방을 개방하면 광선
　　이 들어와 환하게 되는 것처럼, 무념무상(無念無想)의 심경에 이르면 저절로 진리에
　　도달할 수 있음을 비유하여 이르는 말.

孤學自難窺奧密, 重言猶得慰空疎。
相思每欲投詩社, 只待春蒲葉又書。

친구에게 부치다
寄友人

물가의 그윽한 나무에 같이 오르던 일 기억나고
함께 이곳에 옮겨 살자고 약속했었네.
숲속의 연못을 말하려 하나 옛 길을 잃어
수레를 따라 다른 산에 들어갔네.
흩날리는 꽃잎이 땅에 떨어져 단장하기 어렵고
지저귀는 새들이 사람을 엿보아 마음이 한가해졌네.
물색은 노래할 만 하나 봄은 다시 오지 않고
그리움은 부질없이 거듭되어 젊음이 슬프도다.
水邊幽樹憶同攀, 曾約移居向此間。
欲語林塘迷舊逕, 卻隨車馬入他山。
飛花著地容難冶, 鳴鳥窺人意轉閑。
物色可歌春不返, 相思空複慘朱顔。

장양주에게 부치다
寄張襄州

양주의 명성은 예부터 뛰어나고
기로구신은 기풍이 있다고 전하네.

네 잎의 표려 받은 당의 윤씨

일가족이 세상 피한 동한의 방공.[27]

옛 사람의 유풍이 많이 있을 터이요

아름다운 풍경 반드시 헛되지 않을 것이네.

습가지[28]의 차가웠던 달밤을 생각하니

몇 사람이 담소하며 시옹 옆을 동반하였더라.

襄陽州望古來雄, 耆舊相傳有素風。

四葉表閭唐尹氏, 一門逃世漢龐公。

故家遺俗應多在, 美景良辰定不空。

遙憶習池寒夜月, 幾人談笑伴詩翁。

정인 장로의 '누대에서 달을 감상하며 마음을 보이다'라는 시에 "그대의 혼몽이 하늘나라에 있는 것 같다"라는 구절이 있는데 그에 화답하다

酬淨因長老樓上翫月見懷有疑君魂夢在淸都之句

도인의 마음은 세상에서 구하는 바 없어

이 누대에서 적막하게 안석에 기대어 있네.

오동나무 마주 앉아 새벽달 기우는 것 보고

맑은 이슬이 가을을 새롭게 씻어내는 걸 보고 있네.

높은 데 올라 더욱 도연명[29]을 부르고 싶고

27　방공(龐公)은 동한(東漢) 때 중국 호북성(湖北省) 양양(襄陽) 녹문산(鹿門山)에 은거했던 방덕공(龐德公)을 가리킨다.

28　원문의 습지(習池)는 습가지(習家池)의 준말로, 동한(東漢) 때 양양후(襄陽侯) 습욱(習郁)의 양어장이다.

마음을 읊어보면 다시 혜휴와 같은 시를 지을 수도 있네.[30]
내 하늘나라의 즐거움을 몰라서
어제 밤에 신선이 되었었나 의심하네.

道人心與世無求, 隱几蕭然在此樓。
坐對高梧傾曉月, 看翻淸露洗新秋。
登臨更欲邀元亮, 披寫還能擬惠休。
顧我不知天上樂, 虛疑昨夜夢仙遊。

유자옥 동년에게 드리다
呈柳子玉同年

삼년이나 업대[31]에 오르지 않으니
기러기 날아올 때에 또 북으로 왔네.
물밑의 옛 물결은 해가 바뀌도록 불고
버드나무 가지의 새잎은 봄을 맞고 돌아왔네.
모래먼지 막막하고 귀밑머리 세어지니
퉁소 장구 소리에 총망히 한잔 기울이네.
일에 지쳐 노래하고자 하나 화답할 자 없고

---

29 원량(元亮)은 중국 진나라 때의 도연명의 자(字)이다.
30 혜휴(惠休)는 중국 남조(南朝) 때 시승. 원명이 탕휴(湯休)라서 당시 사람들은 휴상인 (休上人)이라 불렀다. 자못 문재가 있어 서담지(徐湛之)의 인정을 받았다. 효무제(孝武帝) 때 환속하여 관직에 올라 양주종사(揚州從事)를 지냈다. 남긴 작품들이 화려(華麗) 했는데, 포조(鮑照)와 이름을 나란히 했다.
31 업대(鄴臺)는 조조(曹操)가 위왕(魏王)이 되어서 업(鄴)에다 병정(冰井), 동작(銅雀), 금호(金虎) 삼대를 지은 것을 말한다. 이중에서 동작대가 가장 유명하다.

쭈그러진 얼굴은 고인 보면 피어날까 하네.

三年不上鄴王臺, 鴻雁歸時又北來。

水底舊波吹歲換, 柳梢新葉卷春回。

塵沙漠漠凋雙鬢, 簫鼓忽忽把一杯。

勞事欲歌無與和, 衰顔思見故人開。

평산당[32]
平山堂

성 북쪽에 가로지른 촉강산은 푸른 용이 꿈틀이듯 하고

한 당에 올라 멀리 보면 두세 개의 주가 보이네.

회남 산봉우리의 해는 붉은 난간과 마주하며 떠오르고

강가 산굴 속의 구름은 푸른 기와와 나란히 떠있네.

마을에서 밭갈고 뽕잎 따며 공(구양수)은 온화하였고

술잔을 기울이고 담소하며 지나가는 객들은 풍류를 즐겼네.

현산 위에 오를 때에[33] 본 풍경이

---

32 평산당(平山堂)은 중국 강소성 양주시(揚州市) 서북쪽의 촉강산(蜀岡山) 대명사(大明
  寺)에 세워진 건물로서 송 인종(宋仁宗) 8년(1048)에 구양수(歐陽修)가 양주지주로 있
  을 때에 이곳에 건축한 것이다. 당에 올라 강남의 여러 산을 멀리 바라보면 당의 난간과
  가지런히 있는 듯하여 평산당이라고 이름하였다. 평산당은 전문 사대부와 문인들이
  시를 읊는 곳으로 제공되었다.

33 원문의 현수(峴首)는 중국 호북성(湖北) 양양현(襄陽縣) 남쪽에 있는 현산(峴山)을 말한
  다. 『진서(晉書)』 「양호열전(羊祜列傳)」에 "양호가 산수를 좋아하여 매번 풍경이 좋은
  날이면 반드시 현산에 올라 종일토록 술을 마시며 시를 읊었으며 지치는 줄 몰랐다.[祜
  樂山水, 每風景, 必造峴山, 置酒言詠, 終日不倦]"고 하였으며 그가 죽은 후에 양양의
  백성들이 양호가 즐겨 오르던 현산의 그곳에 사당을 짓고 비를 세워 제사를 지냈다고
  한다.

이와 같은 장관이 있었는지.

城北橫岡走翠虯, 一堂高視兩三州。

淮岑日對朱欄出, 江岫雲齊碧瓦浮。

墟落耕桑公愷悌, 杯觴談笑客風流。

不知峴首登臨處, 壯觀當時有此不。

조백옥이 부름 받음에 화답하여 부치다
寄酬曹伯玉因以招之

까마귀는 서풍을 맞으며 나무 위에 서있고

그윽한 풀은 이슬 내린 마당에서 무더기로 자라네.

공무 없이 한가로이 앉아 있는것이 괴로와

때때로 고상한 의론 펼치는 친구들이 다녀가네.

후일 그대 벼슬에 오를 때에

좋은 술을 언제 내오느냐 나를 탓할까 하네.

지금 강호에 서늘한 가을바람 부는 이때에

서로 만나 내 술병을 붓기에 가장 적합하네.

寒鴉對立西風樹, 幽草環生白露庭。

清坐苦無公事擾, 高談時有故人經。

思君異日投朱紱, 過我何時載淥醽。

及此江湖氣蕭爽, 最宜相值倒吾餠。

평보의 '금산에 회숙하면서 친우에게 부치다' 시에 차운하다[34]
次韻平甫金山會宿寄親友

하늘 끝 바다 입구에 북고산이 가로지르고
안개 속의 백사장은 서흥[35]과 같으네.
이미 유람선 없지만 여전히 적 소리가 들리고
멀리 누대에는 오직 불빛만 보이네.
산의 달은 소나무 숲에 들어가 금가루 부서진 듯 하고
강바람은 물결을 불어 눈사태 난 듯이 파도가 거세네.
표연히 뗏목 타고 떠돌 계획이었으나[36]
부상에 이르니 이룰 수 없음이 한스럽네.

天末海門橫北固, 煙中沙岸似西興。
已無船舫猶聞篴, 遠有樓台秖見燈。
山月入松金破碎, 江風吹水雪崩騰。
飄然欲作乘桴計, 一到扶桑恨未能。

---

34 왕안석의 동생 왕안국(王安國)에게 〈금산회숙기친우(金山會宿寄親友)〉라는 시가 있었
　는데 왕안석이 이에 차운하여 지은 것이다. 금산(金山)은 지금 중국 강소성 진강시(鎭
　江市) 서북쪽에 있는데 산 위에 금산사 등 명승지가 있다.
35 서흥(西興)은 나루터 이름으로서 지금의 중국 절강성(浙江省) 소산시(蕭山市) 서북에
　있다. 전설에 의하면 춘추시기의 범려(範蠡)가 이곳에 성을 건축했다고 한다. 오대(五
　代) 시기에 서흥으로 이름하였다.
36 『논어(論語)』「공야장(公冶長)」에 "도가 행해지지 않는다면 뗏목 타고 바다로 떠돌겠
　네.(道不行, 乘桴浮于海)"라는 말이 있는데 후에 세상을 피해 은거한다는 뜻으로 쓰였다.

하성종 용도각직학사를 전송하며[37]
送何聖從龍圖

사책[38]에서 촉군이 뛰어나다고 일컬어
조정에선 다시 한나라 사공을 얻었네.
하사한 좌석 남겨서 정성을 다해야 하고
양식 운반을 잘못 책망하여 공로를 막았네.
고향으로 돌아가고 싶으나 가업이 없고
청아한 명성이 여러 성읍에 먼저 이르렀네.
노산은 하늘과 같이 높고
손고[39]를 돌이켜보니 공이 보고싶구려.

射策曾稱蜀郡雄, 朝廷重得漢司空。
應留賜席丹塗地, 誤責飛芻紫塞功。
三逕欲歸無舊業, 百城先至有淸風。
潞山直與天爲黨, 回首孫高想見公。

---

37 하담(何郯, 1005~1073)이며 자가 성종(聖從)이다. 능주(陵州) 즉 지금의 사천(四川) 미
    산시(眉山市) 사람으로서 송 인종(宋仁宗) 경우원년(景祐元年, 1034)에 진사에 급제하
    였고 용도각직학사(龍圖閣直學士)를 지냈었다.
38 중국 한(漢)나라 때 과거의 한 과로 경서(經書)나 대책(對策)을 죽간(竹簡)에 써 놓고
    수험자로 하여금 그 죽찰을 뽑아 해석하게 하고 그것으로 우열을 정하던 시험.
39 후한 말기 때 사람. 손권(孫權)의 동생 손익(孫翊)의 오랜 부하였다. 대원(戴員)이 손익
    을 죽였을 때 미망인 서씨(徐氏)의 요청으로 이들을 죽여 원수를 갚았다.

서루에 올라
登西樓

누각은 구름에 닿아 백척이나 기울고
행인은 누각 위에서 하늘가를 생각하네.
정이 많아 여러번 누각에 오름을 후회하고
저멀리 바라보며 시름없이 아득함에 놀라네.
거친 들판에 오랜 나무들이 이어지고
절반 남은 석양은 밝은 노을 비치네.
반악은 어찌 가을을 슬퍼할 필요 있으리오[40]
다만 봄을 근심해서 머리가 이미 희어졌네.

樓影侵雲百尺斜, 行人樓上憶天涯。
情多自悔登臨數, 目極應驚悵望賒。
一曲平蕪連古樹, 半分殘日帶明霞。
潘郎何用悲秋色, 秖此傷春發已華。

즉사
卽事

강은 남쪽 정원으로 흘러 기슭 서쪽으로 기우는데

---

40 원문의 반랑(潘郞)은 반악(潘嶽)이다. 서진(西晉)의 재주 있고 문사(文詞)에 능하며,
인물 잘 나고 풍채 좋기로 유명한 학자로서 자는 안인(安仁)이다. 32세에 벼슬길이
순탄치 않아 귀밑머리가 세기 시작하였는데 송옥(宋玉)과 가의(賈誼)의 비추(悲秋)의
전고를 빌려 〈추흥부(秋興賦)〉를 지었다. '설흔 두 살에 처음 흰 머리카락 두 올을 보았
네[余春秋三十有二, 始見二毛]'라고 읊어, 그 후 "반빈(潘鬢)"으로 중년에 흰머리가 생
기는 것을 가리켰다.

바람엔 수정빛이 있고 이슬에는 꽃의 화려함이 있네.
문 앞 버드나무는 옛 도연명의 댁이요
우물가 오동나무는 예전 총지 집이라.
좋은 초대받아 술잔을 거듭하니
아름다운 노래는 비단 위에 꽃을 더함이네.
바로 무릉도원의 술잔치에 온 손님이 되니
냇물 원천에는 붉은 노을 적지 않으리.

河流南苑岸西斜, 風有晶光露有華。
門柳故人陶令宅, 井桐前日總持家。
嘉招欲覆杯中淥, 麗唱仍添錦上花。
便作武陵樽俎客, 川源應未少紅霞。

춘한
春寒

봄바람 온 땅에 불고 달은 서리 같은데
새벽의 종소리가 경양[41]에 이르네.
꽃 아래에서 겹옷 입고 숙직을 하고
버들가에서 불을 켜고 단장을 하네.
얼음 깨진 우물에서는 샘이 막 솟아나고
물이 막힌 물시계는 밤이 길어졌네.
이제부터 따뜻한 봄날 며칠인지 알고

---

41 경양(景陽)은 중국 남조(南朝) 시기의 궁궐 이름이다. 제 무제(齊武帝)가 이 궁궐의
   누대에 종을 설치하여서 궁인들이 종소리를 들으면 모두 일찍 일어나서 단장을 하였다.

두견새가 아름다운 봄빛을 해치겠구나.

春風滿地月如霜, 拂曉鍾聲到景陽。

花底袂衣朝宿衛, 柳邊新火起嚴粧。

冰殘玉螯泉初動, 水澀銅壺漏更長。

從此暄妍知幾日, 便應鸎鳩損年芳。

소둔전이 광서 전운사로 가는 것을 송별하며
送蘇屯田廣西轉運

장수는 종래로 훌륭한 사람 구하니
여러 성읍의 차질은 털끝 차이에서 일어나네.
오래된 비용 제거하려고 병부를 내오고
난리를 안무하기 위해 사절을 보내네.
은택은 곤궁한 후에 실행되기 쉽고
공명은 위급한 시기에 자주 세워진다.
유문은 오늘도 풍류가 있으니
직필하여 장래 어찌 부끄러움이 있겠는가?

置將從來欲善師, 百城蹉跌起毫釐。

驅除久費兵符出, 按撫紛煩使節移。

恩澤易行窮苦後, 功名常見急難時。

孺文此日風流在, 直筆他年豈愧辭。

성을 나가 무당을 방문하다가 재관에 묵다
出城訪無黨因宿齋館

관외로 그대를 찾아 말발굽 가는대로 맡기고
자유롭게 시구를 이루어 하늘이 흘겨보도록 맡기네.
꽃가지 눈앞에 보이니 봄이 서로 비치고
산색이 옷깃을 적시니 밤에 길을 잃었네.
오늘 담소는 서로 함께 했음을 기뻐하고
오랫동안의 노고와 안일은 가지런히 하기 어렵네.
평생 영락하여 돌아갈 마음도 게으르고
정성스레 대접함에 감사하니 두견새가 우는구나.
關外尋君信馬蹄, 漫成詩句任天倪。
花枝到眼春相照, 山色侵衣晚自迷。
今日笑談還喜共, 經年勞逸固難齊。
生涯零落歸心懶, 多謝殷懃杜宇啼。

십사숙이 시를 주며 이별한 것에 차운하다
次韻十四叔賜詩留別

한겨울에 추종하여 서진을 나오니
모실 수 있어 망연히 두 번의 봄을 보았네.
과거에서 인재가 파묻힘을 길게 한탄하였으며
처음에 벼슬길에 나아가 고향 사람들을 위로하였네.
북쪽 궁궐을 작별하니 누대가 화려하고
돌아와 남주를 보좌하니 현읍들이 새롭네.
친구와 모이니[42] 몇 줄기 눈물이 옷깃을 적시고

어느 때에 늙은이[43]와 다시 친하게 지낼까?

窮冬追路出西津, 得侍茫然兩見春。

發冊久嗟淹國士, 起家初命慰鄉人。

行辭北闕樓臺麗, 歸佐南州縣邑新。

班草數行衣上淚, 何時杖屨卻相親。

42　원문의 반초(班草)는 반경(班荊)과 같은 말로서 땅에 싸리나무가지를 펴고 앉는다는
　　뜻으로 친구가 만나서 같이 앉아서 서로 이야기를 나눈다는 뜻으로 쓰인다.

43　원문의 장구(杖屨)는 지팡이와 신발이라는 뜻. 옛 예의에 오십이 된 노인은 지팡이를
　　짚을 수 있었다. 또한 옛날 사람들은 실내에 들어갈 때에 반드시 밖에서 신발을 벗어야
　　했다. 그러나 연장자를 존경하기 위해 연장자는 먼저 실내에 들어간 후에 신발을 벗을
　　수 있었다. 이후 노인, 연장자에게 대한 존칭으로 쓰였다.

송 왕형공 이체시초 권4

양천 허균 단보씨(端甫氏) 선(選)

경천즐의 '대풍' 시에 차운하다
次韻耿天騭大風

구름에 묻힌 달은 빛이 어둡고
광풍이 큰 코끼리 같이 일어나 맞부딪치네.
모든 하천을 가로 쓸어 얼음 기둥이 서고
온갖 장애 물리치고 땅이 열리네.
노문에 원거가 날아와도[1] 이상히 여기지 않고
정포에 열구자가 와도[2] 무슨 상관이 있겠는가.
밤새 잠 못 이루니 누구와 함께 하랴
좌망에는 오직 안회 한사람 뿐이네.[3]

---

1 『장자』「지락(至樂)」에 "옛날에 노나라 교외에 바닷새가 날아와 머물자 노나라 임금이
　새를 맞이해 종묘에 두고서 훌륭한 술과 음식으로 대접하고 아름다운 음악을 듣게
　했다. 그런데 새는 한 조각의 고기와 한 잔의 술도 먹지 않은채 사흘만에 죽었다. 이는
　노나라 임금이 자신을 봉양하는 방법으로 새를 기르고 새를 기르는 방법으로 새를
　봉양하지 않아서이다."라고 하였다. 원거는 바닷새의 이름이다.
2 정포(鄭圃)는 옛 지명으로 정(鄭)나라의 포(圃)지방, 열자(列子)가 살았던 곳이다. 열자
　의 이름이 어구(禦寇)이다. 열자는 도가에 속하는 사상가로 저서에 『열자(列子)』가 있다.
3 『장자』「대종사(大宗師)」에 나오는 이야기이다. 공자의 사랑하는 제자인 안회가 공자
　를 보고 "저도 이제 많은 수양을 얻게 되었습니다."라고 말하고 공자가 "어떻게 말이냐"
　라고 묻자 "좌망(坐忘)을 했습니다."라고 대답했다.

雲埋月缺暈寒灰, 飆發齊如巨象隤。
縱勇萬川冰柱立, 紛披千障土囊開。
魯門未怪爰居至, 鄭圃何妨禦寇來。
終夜不眠誰與共, 坐忘唯有一顔回。

법희사
法喜寺

문 앞엔 큰 길이 굽이굽이 둘러있고
문 아래엔 사초풀과 푸른 이끼 섞여 있네.
온갖 나무들이 꽃을 둘러싸 꾀꼬리 날아가고
무너진 처마엔 막이 없어도 제비 날아오네.
적적하니 누가 함께 술을 마실까
쓸쓸하게 상 위에 빈 잔만 남기네.
내 고향 그리운 마음 얕지 않은데
가련한 자규가 또 재촉하네.

門前白道自縈回, 門下靑莎間綠苔。
雜樹繞花鶯引去, 壞簷無幙燕歸來。
寂寥誰共樽前酒, 牢落空留案上杯。
我憶故鄕誠不淺, 可憐鶗鴂重相催。

장간사
長幹寺

절간이 한가하니 포금의 곁에
작은 연못 굽이지고 푸른빛이 짙구나.
버들가지 움직이지 않으니 천 가닥 곧게 늘어지고
연잎이 서로 이어져 일 만 덮개 우거졌네.
아득한 봉우리의 구름 뭉게뭉게 위아래로 번지고
훨훨 나는 갈매기 스스로 오르락내리락 하네.
나그네 이를 즐겨 돌아감을 잊고
서풍을 향하여 월나라 노래[4] 배우기를 참네.

梵館淸閒側布金, 小塘回曲翠文深。
柳條不動千絲直, 荷葉相依萬蓋陰。
漠漠岑雲相上下, 翩翩沙鳥自浮沉。
羈人樂此忘歸思, 忍向西風學越吟。

남강군의 강중에 있는 낙성사에서
落星寺在南康軍江中

대전은 구름 높이 우뚝 솟았는데
만리장강에 술 한 잔 하네.

---

4   원문의 월음(越吟)은 『사기』「장의열전(張儀列傳)」에 나오는 이야기인데, 전국 시기에
    월나라 사람 장석(莊潟)이 초나라에서 벼슬하여 높은 관직에 이르고 부귀하였지만 여
    전히 고국을 잊지 못하고 있었는데 병중에 월나라 노래를 부르며 고향에 대한 그리움을
    기탁했다고 한다. 이후 "장석월음(莊潟越吟)", "장석사귀(莊潟思歸)", "월음(越吟)" 등
    으로 고국을 잊지 못하고 고향을 그리워하는 마음을 비유하였다.

앉아서 보니 산천이 일월을 삼키고
먼지 날리는 수레는 아득히 없네.
기러기 나직하게 울며 구름길을 날아 지나고
나그네는 천문에 가까이 있으니 꿈에 돌아오기 쉽네.
좋은 경치 오직 시로만 담을 수 있으니
부족한 이 몸이 부끄러이 한 수 지어보네.

崒雲臺殿起崔嵬,　萬里長江一酒杯。
坐見山川呑日月,　杳無車馬送塵埃。
雁飛雲路聲低過,　客近天門夢易迴。
勝槪唯詩可收拾,　不才羞作等閒來。

청풍각
淸風閣

용마루 홀로 솟고 성벽이 아래 있으며
뛰어난 기세 높고 험해 사방을 압도하네.
멀리 강과 산에 둘러싸인 것을 보고
똑바로 매가 날아다니는 것을 보네.
높은 곳의 매미소리 들려오나 조용함 방해될게 없고
붉은 해가 마음을 태우나 시원함은 그치지 않네.
더욱이 그대 아무 할 일이 없다면
날마다 빈객을 모시고 술잔을 기울이세.

飛甍孤起下州牆,　勝勢崢嶸壓四方。
遠引江山來控帶,　平看鷹隼去飛翔。
高蟬感耳何妨靜,　赤日焦心不廢涼。

況是使君無一事, 日陪賓從此傾觴。

화보[5]의 '춘일에 금릉의 대에 오르다' 시에 차운하다
次韻和甫春日金陵登臺

종산은 아득히 높고 물은 휘돌고
서쪽엔 구름을 타는 듯한 백척의 대가 있네.
만물은 이미 따뜻한 기운 따라 움직이니
술 한 잔으로 잠시 옛 벗과 함께 하네.
하늘가엔 그윽히 사는 새들이 서로 지저귀고
땅 위엔 아지랑이 쓸어내지 못하네.
슬픈 눈으로 봄을 보며 다할까 늘 두려우니
응당 가서 태양을 가지고 돌아오리.

鐘山漠漠水洄洄, 西有陵雲百尺臺。
萬物已隨和氣動, 一樽聊與故人來。
天邊幽鳥鳴相和, 地上晴煙掃不開。
悲眼看春長恐盡, 直須去取六龍回。

5   화포(和甫)는 왕안석의 막내 아우 왕안례(王安禮)의 자이다.

진선숙에게 보내다
寄陳宣叔

편주로 움직이려 하니 더욱 배회하고
한번 웃으며 서로 보니 병든 눈이 열리네.
귀인들의 일을 거역하니 이제 절개가 보이고
호현에 정령이 실행되니 모두가 칭송하네.
홀연 세월이 귀밑머리 세게 하여 놀라지만
산천에서 함께 술 한 잔 하니 기쁘도다.
지는 해는 흐르는 물 따라 강북으로 가고
떠나는 마음은 오히려 물 따라 동쪽으로 돌아오네.

扁舟欲動更徘徊, 一笑相看病眼開.
事忤貴人今見節, 政行豪縣衆稱材.
忽驚歲月侵雙鬢, 卻喜山川共一杯.
落日亂流江北去, 離心猶與水東廻.

미지의 '매서 신구'에 화답하다
酬微之梅暑新句

흐릿한 비에 강가의 매화 모두 떨어지고
오고가는 말과 소 수레 분간하기 어렵네.
이런 음침함을 당해 밝은 해가 사라졌으니
무더운 여름 가뭄에 구름이 낄 줄 어찌 알았으랴.
거문고 소리 늦추려 하니 급해도 무슨 상관이며
책벌레 약간 생겼건만 말리면 되네.
돌아보니 시원한 가을 머지 않음을 알겠으니

완함(阮咸)의 잠방이 다시 햇볕에 말려야겠네.
江梅落盡雨昏昏, 去馬來牛漫不分。
當此沈陰無白日, 豈知炎旱有彤雲。
琴絃欲緩何妨促, 書蠹微生故可熏。
回首涼秋知未遠, 會須重曝阮郎褌。

석죽화
石竹花

공무에서 물러나서 시와 술로 세월을 즐기고
그윽한 향기를 취하려고 아름다운 술자리 가까이했네.
구슬을 심고 이리저리 뽑아 푸른 대 가늘고
비단에 새겨 살짝 염색하니 붉은 꽃이 둥그렇구나.
바람과 서리가 일찍 떨어지게 놓지 않았고
비와 이슬이 응당 치우치게 사랑하였으리.
이미 미인의 옷자락에 수를 놓았는데
더욱이 귀한 손님 남겨서 아름다운 자태 읊으려하네.
退公詩酒樂華年, 欲取幽芳近綺筵。
種玉亂抽靑節瘦, 刻繪輕染絳花圓。
風霜不放飄零早, 雨露應從愛惜偏。
已向美人衣上繡, 更留佳客賦嬋娟。

차운하여 평보에게 답하다
次韻答平甫

매미가 껍질 안고 슬피 우는 소리 간절하고
새들이 둥지를 다투며 꾸짖는 소리 바쁘도다.
큰 나무의 오랜 그늘은 여름날을 얕보고
늦게 핀 꽃의 그윽한 아름다움은 봄날과 겨룰 만하네.
구름이 산너머로 돌아가 처마가 조용하고
바람이 계곡에서 불어와 온자리가 시원하네.
이때에는 모든 사물 읊을만 하니
천 리를 함께 하지 못해 후회스럽네.

高蟬抱殼悲聲切, 新鳥爭巢誶語忙。
長樹老陰欺夏日, 晚花幽艷敵春陽。
雲歸山去當簷靜, 風過溪來滿坐涼。
物物此時皆可賦, 悔予千里不相將。

금명지[6]
金明池

가을날 서쪽으로 바라보니 푸른 파도 출렁여
고향 사람들이 계음하던 때를 돌이켜 생각하네.
비스듬히 물에 기대어 피는 꽃은 생각이 있는 듯하고
천천히 바람 따라 휘날리는 버들가지는 미련이 있는 듯하구나.

---

6 금명지(金明池)는 중국 북송(北宋) 시기에 유명했던 황가의 원림이다.

푸른 하늘에 쨍쨍 빛나는 해 봄은 늘 좋고
검은 머리 붉은 얼굴 늙어서 슬퍼하네.
말을 달려도 눈에 가득 덮히는 먼지 견디지 못해
석양 아래 몰래 낚시줄을 정리하네.

宜秋西望碧參差, 憶看鄉人禊飲時。
斜倚水開花有思, 緩隨風轉柳如癡。
青天白日春常好, 綠髮朱顏老自悲。
跋馬未堪塵滿眼, 夕陽儵理釣魚絲。

갈계역
葛溪驛

이지러진 달 어스름하고 물시계 소리 그치지 않는데
등불 하나 깜박거리며 가을 침상 비추는구나.
병든 몸이라 찬바람과 이슬을 가장 먼저 느끼지마는
꿈 속의 고향길이라 산 높고 물 깊은 줄 몰랐네.
침상에 앉아 시절을 느끼며 서글픈 심정 노래하고
일어나 천지를 살펴보니 처량하기만 하구나.
매미는 울어 다시 행인의 귀를 어지럽히며
성긴 오동나무 껴안으니 잎이 벌써 반이나 누렇게 되었네.

缺月昏昏漏未央, 一燈明滅照秋床。
病身最覺風露早, 歸夢不知山水長。
坐感歲時歌慷慨, 起看天地色淒涼。
鳴蟬更亂行人耳, 正抱踈桐葉半黃。

배사군을 위해 의현대를 읊다
爲裴使君賦擬峴臺

그대 새로 지은 누대 현산[7]을 모방했다 하니
양공은 천년이 지나도록 따르는 자 있구나.
가종의 소리 땅을 뒤흔드는 이곳에 올라
봄을 옮긴 꽃 피는 나무 손가락질 하며 보네.
성벽은 대제[8] 같이 구불구불하게 이어지고
시냇물은 은하수처럼 졸졸 흐르네.
시대가 태평하니 전쟁 때와 달라
허리띠 느슨히 하고 이곳에서 한가로이 지낼만 하네.
君作新臺擬峴山, 羊公千載得追攀。
歌鐘殷地登臨處, 花木移春指顧間。
城似大堤來宛宛, 溪如淸漢落潺潺。
時平不比征吳日, 緩帶尤宜向此閑。

자리가 멀리서 부쳐온 시에 차운하다
次韻子履遠寄之作

훨훨 떠나는 쫓겨난 나그네 도성문을 나서니
선비들의 의논은 마땅히 옥석이 불에 탐을 슬퍼해야 하리.

---

7 현산(峴山)은 지금의 중국 호북성(湖北省) 양양현(襄陽縣) 남쪽에 있는 산이름인데,
　현수산(峴首山)이라고도 한다. 동쪽엔 강물을 임하고 있어 양양 남쪽의 요새이다. 서진
　(西晉)시기 양호(羊祜)가 태수로 있을 때에 자주 현산에 올라 술을 마시며 시를 읊었다
　고 한다.
8 대제(大堤)는 중국 양양(襄陽)에 있는 제방뚝 이름이다.

높은 자리 어지러워 누가 뜻을 이루었나.

곤궁한 처지에 왕왕 문장을 잘하였네.

자상은 지금 도연명을 생각할 것이니[9]

녹봉은 언제 자운[10]을 불러들일꼬.

다만 명성을 후세에 전하게 할 뿐이지

궁달에 하필 공훈을 비길 필요 있겠는가?

飄然逐客出都門, 士論應悲玉石焚。

高位紛紛誰得志, 窮途往往始能文。

柴桑今日思元亮, 天祿何時召子雲。

直使聲名傳後世, 窮通何必較功勳。

심강이 상주 지사로 가는 것을 보내며
送沈康知常州

난릉에서 벼슬했던 행적은 이미 오랜된 일이지만

그 지방 풍속을 전해주기 위해 당시의 주민을 기억하네.

도랑과 밭두둑은 황폐하고 논밭은 척박하였으며

주전에는 손님 그치지 않지만 시전은 한산하였네.

항상 일하는 사람 초가집도 없을까 걱정했는데

홀연 훌륭한 선비 만나 붉은 마차 타고 부임하니

---

9 자상(柴桑)은 도연명의 고향으로, 팽택령을 그만두고 이곳에 은거하며 살았기에 도연 명을 비유하기도 한다. 원량(元亮)은 도연명의 자(字)이다.

10 자운(子云)은 중국 서한(西漢) 시기의 제남(濟南) 사람 종군(終軍)의 자이다. 그는 서한 시기의 유명한 정치가이며 외교가이다.

정성스런 말은 여기까지 하고 이별이 슬프지만

형계 양쪽의 봄경치는 가장 기억난다네.

作客蘭陵跡已陳, 爲傳謠俗記州民。

溝塍半廢田疇薄, 廚傳相仍市井貧。

常恐勞人輕白屋, 忽逢佳士得朱輪。

殷勤話此還惆悵, 最憶荊溪兩岸春。

매룡도를 보내며
送梅龍圖

자진[11]의 가세이고 자운의 고향이니

기백과 재능 어찌 쉬이 당하리오.

돌아보면 옛날 사람들은 다들 은거하였으니

나라에 바친 몸 오늘 유독 빛나네.

훌륭한 모략은 오랫동안 삼공에 해당하니

능숙한 시무 처리능력은 한 지방에서 시험해보아야 하네.

이제부터 정치가 이루어지니 무엇을 보고하리오

지방관이 할 일이 없어 오직 농사만 짓는다네.

子眞家世子雲鄕, 風力才華豈易當。

回首古人多隱約, 致身今日獨輝光。

11　자진(子眞)은 한(漢) 나라 때의 은사 정박(鄭樸)의 자이다. 그는 도를 닦고 입 다물고
　　앉아서, 한 성제(漢成帝) 때에 대장군 왕봉(王鳳)이 예를 갖추어 맞이했으나 끝내 나가
　　지 않고 곡구 (谷口)의 산 밑에서 농사짓고 살다가 생을 마쳤다. 자호를 곡구자진(谷口
　　子眞)이라 하였다. 『한서 고사전(漢書 高士傳)』

謨明久合分三府, 治劇聊須試一方。

從此政成何所報, 百城無事祇耕桑。

소산 전저작을 보내며
送蕭山錢著作

재능은 여러 현재보다 높아 혐의가 없고

형제가 동시에 효렴에 천거되었네.

동관에서 외방 수령으로 제수 받았는데

서주에서 다시 만날 땐 이미 수염이 희었네.

오자서는 물을 끌어다 맑은 물이 저자를 지나게 하였고

대우는 산을 나누어서 푸른 빛이 주렴에 들어오게 하였네.

잘 가거라 거문고 노래로 애오라지 마음을 달래니

마을 사람 누가 감히 도잠을 업신여기랴.

才高諸彦故無嫌, 兄弟同時擧孝廉。

東觀外除方墨綬, 西州相見已蒼髯。

靈胥引水淸穿市, 神禹分山翠入簾。

好去弦歌聊自慰, 郡人誰敢慢陶潛。

주창숙에게 부치다
寄朱昌叔

청강은 멀고 길게 성을 돌아 흘러

아직도 성 밖에서 배 묶던 걸 기억하네.

호랑이 쏘는 능력은 이광을 닮지 못했고
닭을 잡는다고 부질없이 희언으로 즐기네.
구름에 묻히고 길이 막혀도 티끌 모아 태산에 놀라니
서리가 봄바람 따라 귀밑머리에 들어와 시름이 가득하도다.
이날 그대의 편지 얻기 어려워 괴로우니
헛되이 많은 기러기 남주에서 날아오르네.

淸江漫漫繞城流, 尙憶城邊繫小舟。
射虎未能隨李廣, 割雞空欲戲言遊。
雲埋塞路驚塵合, 霜入春風滿鬢愁。
此日君書苦難得, 漫多鴻雁起南洲。

구일에 동산에 올라 창숙에게 부치다
九日登東山寄昌叔

성 위에 까마귀 우는 소리 적막함을 깨니
그대를 그리워하여 어디 높은 곳에 앉을까.
마땅히 푸른 술로 노란 국화 맞대 마시니
하필 붉은 치마로 퉁소 불 필요 있겠는가?
낙엽 떨어지고 구름 이어진 가을 물을 건너니
어지러이 솟은 산의 안개가 해 지는 다리로 피어오르네.
도연명 동쪽 울타리에서 술 취함 저버린지 오래이니
여전히 마음을 낮추고 허리 굽혀 일하네.

城上啼烏破寂寥, 思君何處坐岑嶢。
應須綠酒酬黃菊, 何必紅裙弄紫簫。
落木雲連秋水渡, 亂山煙入夕陽橋。

淵明久負東籬醉, 猶分低心事折腰。

차운하여 정단주[12]에게 답하다
次韻答丁端州

거칠고 외진 곳이며 무리를 떠나 홀로 지낸다고 한탄하지 말라
현지 치리한 풍요가 영북으로 전해와 칭찬을 받을 것이네.
변경은 비록 오랑캐와 접해 있지만
임명[13]은 여전히 한나라에서 관할한다네.
봄에 보낸 서찰은 형양의 기러기 따라 왔으니
가을에 말 타고 돌아와 농수[14]의 구름을 바라보리.
서로 만난다면 남쪽으로 바라본 내 괴로움 알 것이니
병든 이 몸 지금 심휴문[15]이 지적한 것과 닮았네.
莫嗟荒僻又離群, 且喜風謠嶺北聞。

---

12 정단주(丁端州)는 북송 시인 정보신(丁寶臣, 1010~1067)을 가리킨다. 보릉(晉陵), 지금
　의 강소성 상주시(常州市) 쌍계방(雙桂坊) 사람이다. 인종(仁宗) 경우(景祐) 원년(1034)
　에 진사 급제하였고 협주판관(峽州判官)을 거쳐 단주(端州) 지주(知州)가 되었다. 단주
　는 지금 광동성(廣東省) 조경(肇慶)이다.
13 원문의 죽부(竹符)는 중국 한나라 때에, 태수(太守)를 임명할 때 주었던, 대나무로 만든
　부절(符節).
14 농수(隴首)는 농산(隴山)의 별칭, 섬서성(陝西省) 농현(隴縣) 북서쪽에 있는 산이다.
15 남북조(南北朝) 시대 양(梁)나라 오흥(吳興) 사람 심약(沈約), 자는 휴문 (休文)이다.
　시호가 은(隱)이라서 심은후(沈隱侯)라고 불렸다. 시부에 뛰어나 사조(謝朓) 등과 함께
　영명체(永明體)를 창출하였으며, 성운팔병(聲韻八病)이라는 설을 제창하는 등 후세 격
　률시(格律詩)의 단서를 마련하였다. 성운팔병은 심약이 제기한 설로 시를 지을 때 피해
　야 할 여덟가지 폐단을 지적한 것으로 "팔병(八病)"이란 바로 평두(平頭), 상미(上尾),
　봉요(蜂腰), 학슬(鶴膝), 대운(大韻), 소운(小韻), 방뉴(旁紐), 정뉴(正紐) 등이다.

銅柱雖然蠻徼接, 竹符還是漢家分。
春書來逐衡陽雁, 秋騎歸看隴首雲。
相見會知南望苦, 病骸今似沈休文。

개원사 상방에 이르러 아우가 2월 1일 지은 시에 차운하다
至開元僧舍上方次韻舍弟二月一日之作

계곡 물 졸졸 봄 물이 통하고
들판엔 위아래로 푸른 풀 무성하네.
따스한 바람에 생황소리 끼여 나무에 불고
개인 눈이 겹친 산에 덮여 더욱 아름답네.
만리 먼 곳에 집이 있으나 아직 돌아가지 못하고
한뙈기 밭도 없으니 어디로 가야 할까.
봄을 슬퍼하여 서남으로 바라보려 하건만
뒤돌아보니 황량한 성은 벌써 황혼이 되었구나.

溪穀濺濺嫩水通, 野田高下綠蒙茸。
和風滿樹笙簧雜, 霽雪兼山粉黛重。
萬里有家歸尙隔, 一廛無地去何從。
傷春故欲西南望, 回首荒城已暮鐘。

종산 서암의 백련정
鐘山西庵白蓮亭

산의 정자 새로이 한쪽 이끼를 부수고
백제성은 꽃을 남겨 사방에 가득하네.
아름다운 들꽃은 분을 바른 것이 아니고
맑은 가을빛은 재목을 의지한 것이 아닐세.
마을이 가난하여 스스로 은거한 자 되어 동반하니
만년에 누가 정녀를 중매해 주리오.
우습도다 혜원공의 연못에 놀러온 손님이니
도리어 소나무와 국화로 인해 귀거래를 부르네.
山亭新破一方苔，白帝留花滿四隈。
野豔輕明非傅粉，秋光清淺不憑材。
鄉窮自作幽人伴，歲晚誰爲靜女媒。
可笑遠公池上客，卻因松菊賦歸來。

장녕 승수에게 주다
贈長寧僧首

빼어난 기골에 흰 눈썹이요 왔다갔다 지쳤으나
자연스럽고 청렴한 명예 인간세상에 떨어졌네.
한가한 중에는 시문에 뜻을 돌리고
조용하게 몸을 두며 태산에 비기네.
들의 구름 청하려고 아침에 손님을 보내고
더욱 강에 비친 달을 청하여 야밤에 관문에 임하였네.
탄식하노라 내 족적이 먼지를 날리니

한 쌍의 외로운 봉우리 얼마나 낮이 두꺼울까.
秀骨厖眉倦往還, 自然淸譽落人間。
閑中用意歸詩筆, 靜外安身比太山。
欲倩野雲朝送客, 更邀江月夜臨關。
嗟予蹤跡飄塵土, 一對孤峯幾厚顔。

아우의 '상심정' 시에 차운하다
次韻舍弟賞心亭

패기는 소멸되어 다시 있지 아니하고
옛 왕조의 대전은 텅 빈 마을이 되었네.
외로운 성 푸른 하늘에 가까이 기대어 있고
가는 비 해를 침범하여 어둡구나.
들의 구름 저녁 노을 되는가 했더니
오히려 산의 달이 아침 해인가 의심스럽네.
이 때에 강과 바다 무궁한 흥이 일어나는데
술 깬 나그네는 말을 잊고 취객은 시끄럽구나.
霸氣消磨不復存, 舊朝臺殿祇空村。
孤城倚薄靑天近, 細雨侵淩白日昏。
稍覺野雲成晚靄, 卻疑山月是朝暾。
此時江海無窮興, 醒客忘言醉客喧。

진학사의 '소원즉사' 시에 차운하다
次韻陳學士小園卽事

담장엔 좋은 새의 울음소리 없고
연못엔 개구리 우는 소리도 없네.
나무는 어제밤 비를 머금어 처음으로 불그스름하고
풀들은 아침해를 의지해 더욱 푸르싱싱하네.
만물이 천기를 어찌 잃으랴
백년의 심사를 맞이하지 않는구나.
그대와 지팡이 짚고 조화를 구경하니
봄바람에 머리를 긁지만 눈은 아직 밝도다.

牆屋雖無好鳥鳴, 池塘亦未有蛙聲。
樹含宿雨紅初入, 草倚朝陽綠更生。
萬物天機何得喪, 百年心事不將迎。
與君杖策聊化觀, 搔首春風眼尙明。

대모산에 올라
登大茅山

한 봉우리가 큰 산의 꼭대기에 높이 솟아
먼지와 모래 길이 천리인가 의심하였네.
내러다보니 안개와 구름이 도달하지 못하고
우러러 오르려니 담쟁이덩쿨 끝이 보이지 않네.
인간세상은 이미 십이월 납일이 되었으니
땅 아래로 누가 구곡선경에 통할까.
옛 자취와 시비는 지금 무성한 풀숲 되었고

어지러운 세상 풍속 아직도 신선을 스승삼네.

一峯高出大¹⁶山巓, 疑隔塵沙道里千。

俯視煙雲來不極, 仰攀蘿蔦去無前。

人間已換嘉平帝, 地下誰通句曲天。

陳跡是非今草莽, 紛紛流俗尙師仙。

중모산에 올라
登中茅山

유유히 지팡이 짚고 세속의 소란 떠나 걸으니

닭과 개 울음소리 없는 적막한 곳에 이르렀네.

오지를 보려하니 잎과 줄기 늙었고

삼학에 오르려니 날개가 멀리 있도다.

용계 길을 돌아 외나무다리에서 헤매고

신선 안석에 바람 불어와 떨어진 나무 얻었네.

흥이 다하고 해가 기울었으나 돌아가기 싫어

비석의 이끼 문대며 이전 왕조를 알아보려 하네.

翛然杖屨出塵囂, 雞犬無聲到泬寥。

欲見五芝莖葉老, 尙攀三鶴羽翰遙。

容溪路轉迷橫彴, 仙几風來淂墮樵。

興罷日斜歸亦懶, 更磨碑蘚認前朝。

---

16 "大"자가 다른 본에는 "衆"으로 되어 있다.

소모산에 올라
登小茅山

덩굴 잡고 올라가는 길 한나절에 이르니
아래로 내려다보면 회주가 안개 속에 아득하구나.
물외의 선선놀음하려 안석과 돗자리 가져오니
인간세상 큰 소망 돼지똥 말똥에 맡기네.
흰 구름 앉은 곳엔 용지가 아득하고
밝은 달 돌아올 때 학 타고 하늘을 나네.
돌아보면 삼모군[17]은 누가 더욱 닮았는가?
자방(장량)의 가세는 고풍이 있다네.

捫蘿路到半天窮, 下視淮州杳靄中。
物外眞遊來几席, 人間榮願付苓通。
白雲坐處龍池杳, 明月歸時鶴馭空。
回首三君誰更似, 子房家世有高風。

장중용이 항주 손공벽에 가는 것을 보내며
送張仲容赴杭州孫公辟

수많은 집들이 붉은 칠을 자랑하고
웃음과 노래 수리 늘 고운 비단 사이에 있네.

---

17 동한(東漢) 시대 모영(茅盈, B.C.145~?)이 구곡산(句曲山)(지금의 강소성 모산(茅山))
   에 들어가 대원진군(太元眞君)이란 신선이 되자, 무위태수(武威太守)로 있던 모고(茅
   固), 상군태수(上郡太守)로 있던 모충(茅衷) 두 아우가 형의 소식을 듣고 벼슬을 버리고
   모산에 들어가 도를 닦아 역시 신선이 되었다고 한다. 세상 사람들은 이들 삼형제를
   삼모군 또는 삼모진인(三茅眞人)이라고 한다.

봄엔 채선 타고 성 옆의 물에서 노닐고
가을엔 화촉을 들고 절 밖의 산을 찾아다니네.
내 누차 유람하는 자 따라 왔었음을 기억하노니
그대 오늘 부임하여 임명서 돌려줌을 기뻐하네.
만천[18]의 위엄이 오래 되었음을 알고 있으니
적필은 아마도 도착하는 날 한가할 것이네.

萬屋相誇漆與丹, 笑歌長在綺紈間。
綵船春戲城邊水, 畫燭秋尋寺外山。
憶我屢隨遊客入, 喜君今赴辟書還。
遙知曼倩威行久, 赤筆應從到日閑。

차운하여 진정숙에게 답하다
次韻答陳正叔

초췌한 청삼으로 북쪽에서 돌아오니
머리는 희끗희끗하고 얼굴엔 먼지가 있네.
개들이 짖어[19] 내 바야흐로 미친 개 미워하니

---

18 만천(曼倩)은 전한(前漢) 시기 동방삭(東方朔, B.C.154~B.C.93)의 자이다. 젊고 야심
    만만 한 한무제(漢武帝)가 갓 즉위하여 사방으로 인재를 구할 때 동방삭이 스스로를
    추천하여 낭(郞)이 되었으며, 상시랑, 태중태부 등의 벼슬을 거쳤다. 그는 성격이 유머
    스럽고 재치스러웠으며 지혜로왔다.

19 원문의 군폐(群吠)는 읍견군폐(邑犬群吠)의 준말인데, 동네 개들이 짖는다는 뜻으로
    어리석은 자들이 상대방에 대한 이해도 없이 공격과 비방을 일삼는 행태를 비유하는
    말이다. 중국 초(楚)나라 정치가이자 시인인 굴원이 지은 『초사』〈구장(九章)·회사(懷
    沙)〉에 "고을의 개들이 떼 지어 짖음이여, 괴이하게 여기는 것에 짖는 것이라. 준걸이
    아니라 하며 호걸인가 의심함이여, 진실로 용렬한 자들의 양태로다.[邑犬群吠兮, 吠所

한번 울면 누가 더욱 준마를 알아보리오.
공명은 흩어져 만나기 어렵고
일월은 물같이 흘러가 다시 오지 않네.
훌륭한 일과 몸은 어찌나 가까운가
술동이와 시권을 여러 번 열어야 하네.

青衫憔悴北歸來, 髮有霜根面有埃。
群吠我方憎猘子, 一鳴誰更識龍媒。
功名落落求難値, 日月汸汸去不回。
勝事與身何等近, 酒尊詩卷數須開。

궂은 비
苦雨

신령 모신 곳 부지런히 오가도 아무런 공이 없고
오고가는 말과 소 수레 길이 통하지 않네.
바람은 어지러운 구름에 불어 어둠이 더욱 짙고
물은 높은 언덕으로 몰려와 기세가 더욱 웅장하네.
평소의 도랑은 지금 거의 다 못쓰게 되었고
백성들의 양식 창고 텅 빈 지 오래 되었네.
고기 먹는 고관들은 무엇으로 보답할까 저절로 탄식하니
옛 사람들은 나라를 걱정하여 풍년이기를 기원하였다네.

怪也. 非俊疑傑兮, 固庸態也.]"라는 구절이 나온다. 개들이 짖는 것은 대상의 정체를 모르고 낯설어 이상하게 여기기 때문이다. 지혜와 풍모가 뛰어난 이들의 진면목을 알아보지 못하고 그저 헐뜯기 바쁜 어리석은 사람들에 대한 비유와 풍자의 표현이다.

靈場辇走尙無功, 去馬來牛道不通。
風助亂雲陰更密, 水爭高岸氣尤雄。
平時溝澮今多廢, 下戶京困久已空。
肉食自嗟何所報, 古人憂國願年豐。

강가에서
江上

시골에 집집마다 탁주가 있으나
술집의 깃발이 손님을 불러 적삼을 벗게 하네.
봄바람은 마치 숲과 연못 무너진 곳을 보수하려는 듯 하고
들판에 흐르는 물은 수풀과 높은 나무로 이어져 있네.
배와 수레에서 먹고 자니 어디에서나 고달프고
온 세상을 노래하며 다니니 이내 몸이 수고롭네.
우물쭈물하며 평생의 뜻을 스스로 믿었으니
밝은 시대라면 어찌 터럭 한 올인들 아낄까.

村落家家有濁醪, 靑旗招客解袛襧。
春風似補林塘破, 野水遙連草樹高。
寄食舟車隨處弊, 行歌天地此身勞。
遲回自負平生意, 豈是明時惜一毛。

낮잠
午枕

한평생 덧없던 꿈은 유유히 사라지니
다시는 걸식[20]하지 않고 여기서 살아남으리.
들판의 풀꽃은 저절로 피었다가 절로 떨어지니
우는 짐승들이 서로 젖을 먹이고 서로 보듬네.
옛 길이 매몰되니 새로운 길이 열리고
가세가 기운 대저택에서 화려했던 누각을 보네.
한 잔 하려해도 대작할 이 없어
눈앞에 보이는 흥망성쇠가 수심에 잠기게 하네.
百年春夢去悠悠，不復吹簫向此留。
野草自花還自落，鳴禽相乳亦相酬。
舊蹊埋沒開新徑，朱戶欹斜見畫樓。
欲把一杯無伴侶，眼看興廢使人愁。

석고사의 진백용에게 부치다
寄石鼓寺陳伯庸

고래바다에 바람이 없어 한낮에 한가하니
하늘문이 눈앞에 가려 오르기 험하네.
팔로 먼지 휘저으며 먼 길을 떠나
거문고와 술을 들고 구름에 어울려 옛산으로 들어가네.

20　원문의 취소(吹簫)는 '퉁소를 불다. 걸식(乞食)하다.'는 뜻이다.

인의가 풍요하지 않은 고관들은 귀하시고
공명 믿지 말게 귀신들은 인색하다네.
성 동쪽의 일점 영웅 기개가
늘 밤사이에 그대 마음과 함께 한다네.

鯨海無風白日閑, 天門當面險難攀。
塵埃挨臂離長陌, 琴酒和雲入舊山。
仁義未饒軒冕貴, 功名莫信鬼神慳。
郭東一點英雄氣, 時伴君心夜斗間。

고서곽
姑胥郭

운건을 잘못 벗겨 고향을 이별하여
천지간의 관문 지나 월에서 오에 도달하였네.
집집마다 고기잡이 횃불이 가을 바람 가운데 저자 같고
일엽의 편주가 비오는 저물녁에 강만으로 돌아오네.
떠돌아다니며 얻은 병에 시름시름하여 술에 곤한 듯하고
끊이지 않는 고향 그리움이 하나하나 이어진 쇠사슬 같구나.
허리띠 이전보다 느슨해진걸 알고 있지만
머리털이 이제부터 희끗해질까 더욱 두렵네.

誤裻雲巾別故山, 抵吳由越兩間關。
千家漁火秋風市, 一葉歸舟暮雨灣。
旅病惜惜如困酒, 鄉愁脈脈似連環。
情知帶眼從前緩, 更恐顚毛自此斑。

엄릉사당
嚴陵祠堂

한나라 조정에 양가죽 입은 한 사람 오더니
묵묵히 잠시 있다가 옛날 낚시하던 배로 돌아가네.
자취는 반계에서 낚시하던 강태공 같아 누군가를 기다리나
세상에는 다시 그를 남길만한 서백이 없다네.
운명이 기구한 풍연[21]은 재주 있으나 끝내 집에서 농사지었고
적막하고 쓸쓸한 환담[22]은 유학의 도를 함께 도모할 자 없었네.
한 국자의 물은 전어나 상어 같은 큰 물고기가 노닐 곳 아니니
넓고 큰 바다에 몸을 두면 또한 무엇을 더 구하겠는가?

漢庭來見一羊裘, 默默俄歸舊釣舟。

跡似磻溪應有待, 世無西伯可能留。

崎嶇馮衍才終桑, 索寞桓譚道不謀。

勺水果非鱣鮪地, 放身滄海亦何求。

---

21 후한 초기 경조(京兆) 두릉(杜陵, 섬서성 西安) 사람. 자는 경통(敬通)이다. 9살 때 『시(詩)』를 암송할 수 있었고, 20살이 되어서는 많은 책에 정통했다. 왕망(王莽)이 염단(廉丹)을 보내 산동(山東)을 정벌할 때 선발되어 연(掾)이 되었다. 염단을 설득해 왕망을 버리고 한(漢)나라를 일으키자고 제안했지만 받아들이지 못하자 하동(河東)으로 망명했다. 유현(劉玄) 때 한장군(漢將軍)으로 있다가 광무제(光武帝)에게 귀순하여 곡양령(曲陽令)이 되었다. 공을 세워 봉(封)해져야 했지만 참소를 받아 포상이 이루어지지 않았다. 사례종사(司隸從事)로 옮겼다. 외척들인 음흥(陰興)과 음취(陰就)와 사귀다가 면직되어 귀향했다.

22 중국 한(漢)나라 때의 유학자. 자 군산(君山). 안휘성(安徽省) 출생. 거문고에 능하였고 오경(五經)에 밝았으며, 고학(古學)을 좋아히여 유흠(劉歆)·양웅(楊雄)에게서 배웠다. 왕망(王莽)이 천하를 찬탈하였을 때 장악대부(掌樂大夫)와 중대부(中大夫)가 되었으며, 광무제(光武帝) 때 의랑급사중(議郎給事中)에 발탁되었다. 그러나 광무제가 참(讖)을 이용하여 정사를 펴자 이것을 유학의 입장에서 저지하려다 노여움을 사, 육안군(六安郡)의 승(丞)으로 좌천되어 부임 중에 죽었다. 고대(古代)를 이상(理想)으로 하여 현재를 바로잡고, 그 입장에서 정치를 행하기 위하여 『신론(新論)』 29편을 지었다. 이것은 육가(陸賈)의 『신어(新語)』, 유향(劉向)의 『신서(新序)』를 이어받고, 왕충의 『논형(論衡)』을 전개한 것으로, 한대(漢代) 유가사상의 변천을 알 수 있는 귀중한 문헌이다.

태호 염정
太湖恬亭

난간은 시냇물에 임하고 녹음에 둘러싸여 있으니
계곡 언덕은 높고 낮은 푸른 빛이 눈에 들어오네.
해가 저문 단교에 사람이 홀로 서 있고
물은 그윽한 나무를 머금고 새들은 서로 의지하고 있네.
청유하니 비로소 마음에 얽매임이 없음을 느꼈고
조용히 있으니 누가 세상에 거짓 있음을 알겠는가.
더욱 밤이 깊기를 기다려 함께 배회하리니
추풍과 기운 달 속에서 낚시하던 배가 돌아오네.

檻臨溪上綠陰圍, 溪岸高低入翠微。
日落斷橋人獨立, 水涵幽樹鳥相依。
淸遊始覺心無累, 靜處誰知世有機。
更待夜深同徙倚, 秋風斜月釣船歸。

몽성 청연당[23]
蒙城淸燕堂

청연 신비는 몽성에서 얻었으니

---

23 청연당은 곧 옛날 현(縣) 관아의 후당(後堂)을 가리키는데 역대로 현령의 거처가 되었
   다. 송대(宋代) 대문장가 소순흠(蘇舜欽)이 몽성의 현령으로 있을 때에 이름지은 것이
   다. 소순흠은 경우원년(景右元年, 1034년)에 진사급제하고 몽성 현령에 부임하였다.
   그는 선현 장자를 모범으로 삼아 청렴하고 공정한 관리가 되고자 하였으며 물을 건너
   흙을 물어다 나르는 제비처럼 부지런히 정사를 보기로 뜻을 세우고 관아 후당에 "청연
   당"이란 편액을 달고 당 앞에는 "청연신비(淸燕新碑)"라는 비석을 세워두었다.

글을 읊으니 마치 이 당중에 온 것 같네.

관리 중에 전갑[24]이 없는 것이 당시의 기운이었고

백성 중에 장주가 있는 것이 후세의 풍속이었네.

뜰 아래에 형틀이 한가하게 놓여있음을 일찍이 알았으니

앉은 자리에서 거문고 타던 때를 회상하네.

훌쩍 한번 가보는 날을 언제 얻을꼬?

아래 위로 먼지를 보니 늙은이 되려고 하네.

清燕新碑得自蒙, 行吟如到此堂中。

吏無田甲當時氣, 民有莊周後世風。

庭下早知閑木索, 坐間遙想奲絲桐。

飄然一往何時得, 俛仰塵沙欲作翁。

오진언이 보내준 시에 차운하여 화답하다
次韻酬吳彦珍見寄

1.

그대 새로운 시를 지어 일부러 나에게 보내주니

한 수 읊어서 애오라지 편지에 보답하려네.

지팡이 짚고 그윽한 오솔길 누가 왕래하는지

---

24 전갑(田甲)은 전한 때 사람으로 몽현의 옥지기를 했다. 한안국(韓安國)이 죄를 져서
    옥에 갇히자 모욕을 주며 비웃었는데, 한안국이 "꺼진 재라고 다시 피어나지 않겠느
    냐?[死灰獨不復燃乎]"고 하자 "다시 피면 내가 오줌을 갈겨주마.[燃卽溺之]"고 대답했
    다. 얼마 뒤 한안국이 양나라의 내사(內史)가 되자 달아났다. 한안국이 가족을 모두
    죽이겠다며 위협하자 웃통을 벗고 나타나 사죄(謝罪)했다. 그리하여 한안국으로부터
    좋은 대우를 받았다.

텅빈 당에서 독서를 하니 자유자재하도다.
나무 위의 새울음소리가 저녁 종소리 재촉하고
꽃들 사이에 사람 말소리 아침의 빈틈을 타네.
봄바람 곳곳에 부니 손잡고 노닐만 한데
무슨 일로 연못에 임해 고달프게 책을 보는가?
君作新詩故起予, 一吟聊復報雙魚。
杖藜高徑誰來往, 散帙空堂自卷舒。
樹外鳥啼催晚種, 花間人語趁朝虛。
春風處處堪攜手, 何事臨池苦學書。

2.
참대와 띠풀 다섯 무 남짓하고
평생에 산고사리와 냇물고기
집이 가난하나 재화를 늘리는 단목[25]을 부끄러워했고
마을에서 서책을 전수하니 동중서에 비교하였네.
대낮에 그대를 생각하며 멀리 바라보니
푸른 숲은 내가 세속을 도피하는 자 같다고 탄식하네.
봄바람은 아득한 오당의 끝에서 불어오고
멀리 동쪽에서 온 편지 한 장 받았네.
篁竹荒茅五畝餘, 生涯山蕨與川魚。
家貧殖貨羞端木, 鄉裏傳書比仲舒。
白日憶君聊遠望, 青林嗟我似逃虛。
春風渺渺烏塘尾, 漫得東來一紙書。

---

25 단목은 공자의 제자 단목사(端木賜), 즉 자공(子貢)이다. 공자가 자공에 대해 "사는
    천명을 받아들이지 않고 재화를 불렸다.[賜不受命, 而貨殖焉.]"고 하였다.

금릉에서 단양으로 가는 길에 느낌이 있어
自金陵如丹陽道中有感

수백년간에 왕의 기운은 사라졌으니
옛날의 일을 어부와 나무꾼에게 물어보기도 어렵네.
동산과 진나라 땅은 모두 잡초에 파묻혔고
산은 양주를 빌어 더욱 적막해졌네.
황량한 언덕에 어둠 속의 닭들이 날이 밝기를 재촉하고
텅 빈 공터엔 늙은 꿩이 아름다운 봄날을 끼고 있네.
사치와 화려함이 오직 여러 왕릉에 존재할 뿐이니
때때로 황금이 시장과 조정에 나오기도 한다네.

數百年來王氣消, 難將前事問漁樵。
苑方秦地皆蕪沒, 山借揚州更寂寥。
荒堞暗雞催月曉, 空場老雉挾春驕。
豪華秖有諸陵在, 往往黃金出市朝。

송 왕형공 이체시초 권5

양천 허균 단보씨(端甫氏) 선(選)

원풍을 노래하다
歌元豊

1.

목놓아 노래부르며 지팡이 짚고 앞 숲으로 나가
풍년 맞아 격양가[1]에 멀리 화답하노라.
지난날 조반에 끼어 모셨기에[2] 천자의 힘을 잘 알아
곡조 속에 때때로 요임금 같은 천자의 마음을 칭송하노라.

放歌扶杖出前林, 遙和豊年擊壤音。
曾侍士偕知帝力, 曲中時有譽堯心。

---

1 요(堯) 임금 때에 천하가 태평하여 백성들이 편안하자, 한 노인이 격양 놀이를 하며 노래하기를 "해가 뜨면 나가 일하고, 해가 지면 들어와 쉬네. 우물 파서 물 마시고, 밭 갈아서 먹고사니, 임금의 힘이 나에게 무슨 상관이 있는가?[日出而作, 日入而息, 鑿井而飮, 耕田而食, 帝力何有於我哉?]"라고 하였다. 경전착정가(耕田鑿井歌)라고도 한다. 『太平御覽』 卷80 「帝堯陶唐氏」.

2 원문은 '시사해(侍士偕)'이다. 『서경』 「순전(舜典)」에 보이는 '여해(汝諧)'에서 나온 말로, 중신(重臣)에 임명된 것을 뜻한다. 『서경』 「순전」에 순 임금이 천하를 다스릴 때 신하들에게 의견을 물어본 뒤 직책을 맡긴 일이 기록되어 있어, 그 가운데 하나를 들어보면 "제순이 말하기를 '아! 너의 말이 옳다. 수야! 네가 공공이 될지어다.' 하니, 수가 절하고 머리를 조아려 수와 장 및 백여에게 사양하였는데, 제순이 말하기를 '아! 너의 말이 옳다. 가서 네 직책을 화하게 수행하라.' 하였다.[帝曰 : 兪. 咨垂, 汝共工. 垂拜稽首, 讓于殳、斨暨伯與. 帝曰 : 兪. 往哉汝諧.]"라고 하였다.

2.
돼지우리와 횃대가 어둑한 노을에 파묻히고
저무는 숲에 나뭇잎 떨어져 남산이 드러났구나.
풍년이라 곳곳마다 백성들 형편 좋아져
마음 내키는 대로 훌쩍 갔다가 돌아오네.

豚柵鷄塒晻靄間, 暮林搖落獻南山。
豐年處處人家好, 隨意飄然得往還。

그림부채에 쓰다
題畫扇

옥도끼로 칠보의 둥근 달을 만들어내어[3]
달 가에는 지금도 난새를 탄 여인이 있는데,
푸른 하늘의 바람과 이슬은 인간 세상과 같지 않아
살쩍 흩어지고 비녀 기울어져 특별히 싸늘하네.

玉斧修成寶月團, 月邊仍有女乘鸞。
靑冥風露非人世, 鬢亂釵斜特地寒。

---

3 당나라 단성식(段成式)의 『유양잡조(酉陽雜俎)』「천지(天咫)」에 보면, 당나라 문종 대
   화(大和) 연간에 정인본(鄭仁本)의 외사촌과 왕 수재가 숭산(嵩山)에 놀러갔다 길을
   잃고 마침 길가에 잠자는 사람이 있어 길을 물었는데, 그 사람이 웃으며 "당신은 달이
   칠보(七寶)로 이루어진 것을 압니까? 달은 형세가 환(丸)과 같고 그림자는 해가 울퉁불
   퉁한 곳을 비추어 생긴 것입니다. 8만 2천 호가 그것을 만들었는데 내가 그중 하나요."
   라고 하면서 보따리에서 도끼를 꺼내 보였다고 한다.

꿈
夢

누런 기장 익어가는데[4] 잠시 머물러 있는 사이
봄이 가서 슬퍼말라고 허랑하게 말하지 마오.
나비는 어찌 꿈 속의 일을 알아서[5]
훨훨 날아 저녁 꽃 아래 떨어지는가?

黃粱欲熟且留連, 漫道春歸莫悵然。
蝴蝶豈能知夢事, 蘧蘧飛墮晚花前?

청명
淸明

성 동쪽에서 술자리 파하니 해는 뉘엿뉘엿 지고
남쪽 큰길의 그네는 적막하게 걸려있네.
사람과 긴 술병은 방초 위에 누웠고
바람은 급한 피리 소리를 푸른 가지 너머로 보내오네.

東城酒散夕陽遲, 南陌鞦韆寂寞垂。
人與長瓶臥芳草, 風將急管度青枝。

---

4   원문의 황량(黃粱)은 황양몽(黃粱夢) 곧 한단몽(邯鄲夢) 고사를 말한다. 당나라 개원(開
    元) 연간에 도사(道士) 여옹(呂翁)이 한단(邯鄲)에서 소년 노생(盧生)을 만나 베개를
    주면서 "이것을 베면 부귀영화를 뜻대로 누릴 것이다."라고 하였다. 여옹은 기장[粱]으
    로 밥을 짓고, 노생은 베개를 베고 잠 들었는데, 꿈속에서 부귀영화를 실컷 누리고
    꿈을 깨어 보니 아직 기장밥이 익지 않았다는 고사이다.
5   『장자(莊子)』「제물론(齊物論)」에 나오는 장자의 호접몽(胡蝶夢)을 말한다.

설날
元日

폭죽 소리 속에 한 해가 바뀌고
봄바람 따뜻한 기운이 도소주에 실렸네.
집집마다 훤하게 먼동이 트니
모두들 새 부적을 옛 것[6]과 바꾸는구나.

爆竹聲中一歲除, 東風送暖入屠蘇。
千門萬戶曈曈日, 爭揷新桃換舊符。

갓 개다
初晴

두건 단정히 쓰기 귀찮아 반백 머리가 드러난 채로
둔덕 너머 비탈진 오솔길 깊숙이 찾아드네.
가랑비 갓 개이고 날씨는 맑은데
늦게 핀 꽃 석양 속에 야인의 집이 보이는구나.

幅巾慵整露蒼[7]華, 度隴深尋一徑斜。
小雨初晴好天氣, 晚花殘照野人家。

---

6 원문의 '신도(新桃)'와 '구부(舊符)'는 복숭아나무로 만든 부적이다. 복숭아나무로 만든
   판에 악귀를 쫓아내는 신의 이름을 써 넣거나 그 모습을 그려서 대문 양쪽에 매달면
   악귀가 대문으로 들어오지 못한다고 생각했다.
7 원문의 '光'을 『임천선생문집』을 대조하여 '蒼'으로 고치고 번역하였다.

남탕
南蕩

동쪽 언덕 앞시내에 물이 차츰 많아지고
거리 맡의 수레와 말은 길을 가로 질러 지나가네.
종산[8]이 놓아주지 않아도 아침 구름 흩어지니
이 황매 시절 가랑비를 어찌 할건가?
南蕩東陂水漸多, 陌頭車馬斷經過.
鍾山未放朝雲散, 奈此黃梅細雨何?

정원의 채소
園蔬

정원 채소를 조금 따니 곱게 뽑혀지고
두둑의 볏모는 새 봄에 물 흐르듯 매끄럽구나.
베개와 자리는 옮기지 않아도 곳곳에 있고
배불리 먹고 달게 잠 드니 구할 것 따로 없네.
園蔬小摘嫩還抽, 畦稻新春滑欲流.
枕簟不移隨處有, 飽餐甘寢更無求.

8　강소성(江蘇省) 남경(南京)의 북쪽에 있는 산. 옛 건강(建康)에 있었다. 일명 장산(蔣山)
　이라고 한다. 왕안석은 만년에 종산의 사공돈(謝公墩)에서 살았다. 왕안석을 비판하는
　사람은 그를 '종산의 풋내기[鍾山之竪子]'라고 불렀다.

유연
俛然[9]

1.

춘삼월에 유연히 사립문 닫아 걸고 지내니
푸른 잎이 짙은 그늘 드리워 홀연 성 안에 가득하네.
늙은 나이라 유흥이 본시 적다만
봄바람에 어딘들 가볼 만하지 않으랴?
俛然三月閉柴荊, 綠葉陰陰忽滿城。
自是老年遊興少, 春風何處不堪行?

2.

춤추고 노래하던 결기각과 임춘각[10]
황폐한 길 누추한 골목에 집 두어 채뿐.
동풍이 느릿느릿 복사꽃 오얏꽃에 불어오지만
지난날 지팡이 짚고 보던 꽃들이 아니구나.
結綺臨春歌舞地, 荒蹊狹巷[11]兩三家。
東風漫漫吹桃李, 非復當時仗外花。

---

9 〈유연(俛然)〉의 제2수와 제3수는 〈금릉즉사(金陵卽事)〉 3수의 제2수와 제3수로도 알
   려져 있다.
10 남조(南朝) 진 후주(陳後主)가 지덕(至德) 2년(584) 광소전(光昭殿) 앞에 임춘각(臨春
    閣), 결기각(結綺閣), 망선각(望仙閣)을 세운 일이 있다. 진 후주는 임춘각에는 거처하고,
    결기각에는 장귀비(張貴妃), 망선각에는 공귀빈(龔貴嬪)과 공귀빈(孔貴嬪)을 거처하게
    하고는, 세 각을 복도로 이어 왕래하였다. 수나라 장수 한금호(韓擒虎)가 문에 이르자
    공비(孔妃)·장비(張妃)와 함께 우물에 숨었다가 잡혀 죽었다. 『남사(南史)』 권12 「장귀
    비전(張貴妃傳)」에 나온다.
11 '황혜협항(荒蹊狹巷)'을 '퇴성단참(頹城斷塹)'으로 쓴 이본도 있다.

3.

어두울 때 숲에 들어 새벽에 더욱 놀랐는지
사람들 등지고 서로 부르며 온갖 소리로 울어대네.
봄바람 따스할 때까지 사립문 잠가두고
세상 일 벗어나자 새들의 마음을 볼 수 있구나.
昏黑投林曉更驚, 背人相喚百般鳴。
柴門長閉春風暖, 事外還能見鳥情。

오당
烏塘

오당 가득한 맑은 물결이 제방과 나란하고
제방 위를 거니는 사람들 무언가를 들고 있네.
묻노니 봄바람은 어디가 좋던가
흰 목련꽃[12] 눈송이 같은 자강 서쪽일세.
烏塘渺渺綠平堤, 堤上行人各有攜。
試問春風何處好, 辛夷如雪柘岡西。

---

12 신이(辛夷)를 목련, 자목련, 나리, 개나리 등으로 번역하는데, 『국역 임하필기』 권35권
「벽려신지(薜荔新志)」에 다음과 같은 기록이 있다. "세상 사람들은 모두 개나리인 황만
화(黃蔓花)를 신이(辛夷)라고 하는데, 『본초(本草)』에는 목련인 목필화(木筆花)가 신이
로 되어 있다." 이 시에서는 '설(雪)'자에 어울리게 흰 목련으로 번역하였다.

성북
城北[13]

천리에 풀이 푸르러 봄옷 어지러이 깔린 듯[14]
간밤 비가 붉은 꽃을 작은 복사나무에 피도록 재촉했네.
성 북쪽을 머리돌려 바라보니 심사가 무한해
봄 햇살 무르익고 시내 맑으며 들판 구름 드높구나.
靑靑千里亂春袍, 宿雨催紅出小桃。
迴首北城無限思, 日酣川淨野雲高。

낮잠
午枕

꽃나무 앞에서 낮잠 자니 대자리 매끄러운데
해가 붉은 꽃 그림자 재촉하여 발 위에 옮기네.
사람 엿보며 지저귀는 새소리가 느긋한 꿈 깨웠는데
개울 건너 마주한 산이 아련한 시름을 보내오네.
午枕花前簟欲流, 日催紅影上簾鉤。
窺人鳥喚悠揚夢, 隔水山供宛轉愁。

---

13 '城北'이 원간본(元刊本)『왕형문공시주(王荊文公詩注)』 권44에는 '북성(北城)'으로 되
   어 있다. 제목을 「개원상방(開元上方)」이라고도 한다.
14 "봄옷 어지러이 깔린 듯"의 원문은 '난춘포(亂春袍)'이다. 두보의 시에 "제방의 풀에는
   봄옷 어지러이 깔렸네[堤草亂春袍]"라고 나온다.

구일 애림원에서 연회를 받고
九日賜宴璦林苑作

동에서 온 손님과 차를 마시려다가
지쳐서 소나무 밑 바위에 기대 앉았네.
은은한 향기 한 줄기 바람 타고 일어나니
개울 저 아래에 핀 장미꽃 향기일테지.
與客東來欲試茶, 倦投松石坐欹斜。
暗香一陣連風起, 知有薔薇澗底花。

오진원
悟眞院

개울물 거세게 흘러 섬돌을 씻어내는데
창가에서 낮잠 깨니 새들이 지저귀네.
봄바람이 날마다 향기로운 풀 위로 불어와
산 북에도 남에도 길 없어지려 하네.
野水從橫漱屋除, 午窗殘夢鳥相呼。
春風日日吹香草, 山北山南路欲無。

종산에서 천천히 걸으며
鍾山晚步

가랑비 가벼운 바람에 소태나무 꽃 떨어져

작고 붉은 꽃잎이 눈송이같이 모래밭에 흩어지네.
무궁화 울타리 대나무 집 강마을 길에
이따금 의성에서 빚은 술 파는 주막이 보이네.

小雨輕風落楝花，細紅如雪點平沙。
槿籬竹屋江村路，時見宜城賣酒家。

호음선생 벽에 쓰다
書湖陰先生壁

1.
초가 처마 늘 쓸어 이끼 없이 말끔하고
밭을 이룬 꽃나무는 손수 심은 것일세.
한 줄기 물길이 녹색으로 밭을 감싸고
두 산은 문을 밀쳐 푸른빛을 실어 보내네.

茅簷長掃淨無苔，花木成畦手自栽。
一水護田將綠繞，兩山排闥送青來。

2.
뽕나무 가지에 잎 성기고 버들개지 가득한데
바람이 남은 향기를 몰아 몰래 담장을 넘어오네.
서너 차례 꾀꼬리 소리에 낮꿈이 깨니
아직도 내 몸이 반산 뜰에 있는 듯하구나.

桑條索漠柳[15]花繁，風斂餘香暗度垣。
黃鳥數聲殘午夢，尚疑身屬半山園。

단약지[16]에게 장난삼아 지어 주다
戲贈段約之

대나무 잣나무 마주보는 커다란 집에
연꽃 많이 핀 곳에 정자가 또 있구나.
어쩌려고 남태까지 다시 손을 뻗쳐
내 푸른 종산을 반이나 베어 가려는가?

竹栢相望數十楹, 藕花多處復開亭。
如何更欲通南埭, 割我鍾山一半靑。

회구를 바라보며
望淮口

흰 안개 자욱하게 하늘끝에 닿았는데
어둑히 넓은 공중에 강물 한 줄기 비껴 있네.
전당강 위에서 바라보던 풍경과 비슷한데
저녁 조수 갓 빠져나가 넓은 모래바닥 드러났구나.

白煙瀰漫接天涯, 黯黯長空一道斜。
有似錢塘江上望, 晩潮初落見平沙。

---

15 '棟'자를 『임천선생문집』을 대조하여 '柳'자로 고치고 번역하였다.
16 약지는 이웃에 사는 단봉(段縫)의 자이다.

과보에 들어가 양주를 바라보며[17]
入瓜步望揚州

낙조 아래 과보산 수풀이 긴 강 가에 펼쳐 있고
저 앞 무성[18]은 창망한 산림 속에 어른어른하네.
흰머리 나이에 젊은 시절 당시의 일을 추억하니
막부에서 푸른 적삼 걸친 새파란 소년이었지.

落日平林一水邊, 蕪城掩映只蒼然。
白頭追想當時事, 幕府靑衫最少年。

과주에 배를 대고
泊船瓜洲

경구와 과주는 장강 물 하나 사이
종산은 몇 겹 산 너머 있구나.
봄바람이 절로 강남의 강언덕을 푸르게 하건만
밝은 달은 언제 돌아와 나를 비추려나.

京口瓜洲一水間, 鍾山祇隔數重山。
春風自綠江南岸, 明月何時照我還。

---

17 과보는 '과부(瓜埠)'로도 쓴다. 왕안석이 1075년(熙寧 8) 과부를 거쳐 양주로 향하는
    길에 지었다. 당시 왕안석은 55세였다. 1042년(慶曆 3) 급제하고 1045년(慶曆 5) 3월에
    충헌공(忠獻公)이 한기(韓琦)의 막부에 들어가 양주에 머물렀던 일이 있어, 당시를 추
    억했다.
18 무성(蕪城)은 광릉성(廣陵城)으로, 지금의 강소성(江蘇省) 양주시(揚州市) 강도현(江都
    縣) 경역에 있었던 옛 성이다.

세상 만사
萬事

세상 만사가 누런 기장밥 익으려 할 때와 같으니
세상에서 담소하며 마음대로 살아가리.
닭과 벌레의 득실을 따져 무엇하랴
붕새와 종달새는 소요하며 서로를 알고 있는데.

萬事黃粱欲熟時, 世間談笑漫追隨。
鷄蟲得失何須算, 鵬鷃逍遙各自知。

금릉에서 보이는 대로 쓰다
金陵卽事

물가 사립문 반이나 열려 있고
작은 다리 건너면 나뉜 길이 푸른 이끼 속으로 뻗었네.
사람을 등지고 그림자 비추는 끝없는 버드나무
집 너머 향기 날리는 것은 모두 매화로구나.

水際柴門一半開, 小橋分路入靑苔。
背人照影無窮柳, 隔屋吹香並是梅。

시원에서
試院中[19]

젊은 시절 붓을 잡고 시원 뜰에 앉아서는

자묵객경[20]으로 문장 지어 사뭇 스스로 날랬었네.
태평성세에 인재를 선발하길 끝내 부(賦)로 하기에
흰머리로 여기와서 제생을 시험한다.
少時操筆坐中庭, 子墨文章頗自輕。
聖世選材終用賦, 白頭來此試諸生。

앵무새를 보고 장난 삼아 네 구를 짓는다
見鸚鵡戱作四句[21]

구름 덮인 나무에서 어느 때나 두 날개를 훨훨 치랴?
옥 조롱에 황금 자물쇠로 갇혀 속이 답답하겠구나.
모름지기 억지로 인간의 말을 배우고 있으나
온 세상에 새의 말을 알아듣는[22] 이 없구나.
雲木何時兩翅翻? 玉籠金鎖只煩冤。
直須强學人閒語, 擧世無人解鳥言。

---

19 〈시원중(試院中)〉 5수의 절구 가운데 제1수이다.
20 자묵객경(子墨客卿)의 원문은 '자묵(子墨)'이다. 먹을 의인화한 표현이다. 한(漢)나라
    양웅(揚雄)의 〈장양부(長楊賦)〉 서문(序文)에 "붓과 먹으로 문장을 이루기에, 한림(붓)
    으로 주인 삼고, 자묵(먹)으로 객경을 삼아서 풍자하였다.[聊因筆墨之成文章, 故藉翰
    林以爲主人, 子墨爲客卿以風。]"라는 말이 나온다.
21 변법(變法) 시기에 지은 듯하다.
22 원문은 '해조언(解鳥言)'이다. 공자의 제자 공야장(公冶長)이 새들의 소리를 알아듣고,
    "짹짹짹짹 백련수 가에 곡식 싣고 가던 수레가 엎어졌는데 수레바퀴는 진흙에 빠지고
    소는 뿔이 부러졌다. 다 주워 담지 못했으니 서로 불러서 함께 쪼아 먹자.[喈喈喞喞,
    白蓮水邊, 有車覆粟, 車脚淪泥, 犠牛折角, 收之不盡, 相呼共啄。]"라고 한다고 하므로
    살펴보니 과연 그 말이 맞더라는 고사가 있다. 『치림(卮林)』「해조수어(解鳥獸語)」.

육년
六年

육년 강호에 살다보니 늙음이 찾아와
천리길 돌아왔건만 한 조각 마음 남겨두었네.
서쪽으로 대궐문 바라보며 짧은 머리 긁적이노라니
구중궁궐에 오색 구름이 깊구나.
六年湖海老侵尋, 千里歸來一寸心。
西望國門搔短髮, 九天宮闕五雲深。

세상사
世故

세상사에 얽매여 흰머리 가득한데
돌아갈 길 찾으려다 다시 붙잡혀 있네.
종산의 북쪽으로 끝없는 강물 돌아흐르니
머리 풀어헤치고 언제쯤에나 낚싯배를 띄워 보려나.
世故紛紛漫白頭, 欲尋歸路更遲留。
鍾山北繞無窮水, 散髮何時一釣舟。

소평
邵平

천하가 어지러워 통일되지 않았을 때
비단장수 개백정도 영웅이라 뽐냈었지.

동릉후 소평이 어찌 무능한 자이랴만
홀로 장안성 동문 곁에서 손수 오이를 심었네.
天下紛紛未一家, 販繪屠狗尙雄誇。
東陵豈是無能者, 獨傍靑門手種瓜。

왕장
王章[23]

서너 편 가져 가서 환락에 보태려고 하니
아마도 봉투를 직접 열어 보겠지.
봄 풀 이미 돋아났다는[24] 좋은 시구 없어도
조카[25]는 빈손으로라도 다시 꿈에 들어오겠지.
數篇持往助歡咍[26], 想見封題手自開。
春草已生無好句, 阿連空復夢中來。

---

23 〈네번째 조카 방에게 부친다[寄四姪旂]〉2수 가운데 제1수이다. '章'은 '旂'의 잘못인
    듯하다.
24 남조 송나라의 시인 사영운(謝靈運)이 영가(永嘉)의 서당(西堂)에서 온종일 시를 생각
    했으나 이루지 못하다가, 꿈에 족제(族弟) 사혜련(謝惠連)을 만나서 "못가에 봄풀이
    난다.[池塘生春草]"는 시구를 얻고 나서 만족했다는 고사가 있다. 『남사(南史)』권19
    「사영운전(謝靈運傳)」.
25 원문은 '아련(阿連)'으로, 사영운(謝靈運)의 종제(從弟)인 사혜련(謝惠連)을 말한다. 아
    (阿)는 친근한 뜻을 나타낸다. 위에 든 『남사』「사영운전(謝靈運傳)」에 나온다.
26 歡咍는 필사본에 '歡樂'으로 되어 있으나, 원간본에는 '歡咍'로 되어 있다.

경신년 정월에 제안사[27]에 노닐며 시를 지어 '강물 남쪽과 강물 북쪽에 겹겹 버드나무'라고 읊고는 임술년[28] 정월에 다시 노닐며
庚申正月遊齊安有詩云水南水北重重柳壬戌正月再遊

절간의 벽에 쓴 시가 누런 먼지에 뒤덮혀
푸른 깁[29]에 싸여 홀홀 두 번 매화 시절을 보냈네.
늙어 흰 닭이 능히 죽지 않는 것[30]을 만났기에
다시 봄빛 따라 추위 이기고 여기 왔노라.

招提詩壁漫黃埃, 忽忽籠紗兩過梅。

老値白鷄能不死, 復隨春色破寒來。

27　원문은 '제안(齊安)'으로, 금릉(金陵)의 성 동문 밖 관로에 임한 곳에 있는 제안사(齊安寺)이다. 북송 신종(神宗) 원(元) 32년에 왕안석이 형국공(荊國公)에 봉해져, 개혁에 투신하여 바쁜 생활을 보냈다. 하지만 짬을 내어 두 번에 걸쳐 제안사에 노닐었다. 제안사는 당나라 개원(開元) 연간에 건립되었으며, 정묘사(淨妙寺)라고도 했다. 절은 이후 고롱면(高隴面)의 진회(秦淮) 남쪽으로 이건되었다.

28　경신년은 1080년이고, 임술년은 1082년이다.

29　원문은 '농사(籠紗)'로, 귀인(貴人)과 명사(名士)가 지어서 벽에 걸어 놓은 시문을 먼지가 묻지 않도록 푸른 깁으로 감싸서 보호하는 '벽사롱(碧紗籠)'을 말한다.

30　'흰 닭이 능히 죽지 않는 것을 만나'는 '아직 죽을 때가 아니라서'라는 뜻이다. 진(晉)나라 때 사안석(謝安石) 즉 사안(謝安)이 환온(桓溫)의 집정기에 환온의 수레를 타고 16리를 가서 백계(白鷄)를 보고 멈추는 꿈을 꾸었는데, 그 후 환온이 죽고 사안석이 대신 재상이 되어 16년이 지난 뒤에 병을 얻었다. 그제서야 사안석이 깨닫고 "환온의 수레를 탄 것은 환온 대신 내가 재상이 된다는 뜻이고, 16리를 간 것은 16년 동안 재상을 역임한다는 뜻이며, 백계를 보고 멈춘 것은 금년 태세(太歲)가 유년(酉年)이니 유(酉)는 곧 계(鷄)가 된다. 나의 병은 아마도 치유가 불가능할 듯싶다." 하였는데, 며칠 후 과연 사안석이 죽었다. 『태평어람(太平御覽)』 권774, 『진서(晉書)』 권79 「사안열전(謝安列傳)」에 나온다.

임술년 정월 그믐에 중원[31]과 함께 회상[32]에서부터 와서 다시 제안사에 이르다
壬戌正月晦與仲元自淮上復至齊安[33]

바람이 따스하여 가시나무 사립이 곳곳에 열려 있고
겨울 눈 마르자 모래톱 깨끗하고 물은 돌고 도네.
마음으로는 지난 해 갔던 길을 다시 가서
매화를 다 보고 또 대나무도 보고 오고파라.

風暖柴荊處處開, 雪乾沙淨水洄洄。
意行卻得前年路, 看盡梅花看竹來。

임술년 5월에 화숙[34]과 함께 제안사에 노닐다
壬戌五月與和叔同遊齊安[35]

흰눈같은 비단실을 자아내고는 뽕나무가 다시 푸르고
누런 구름같은 보리이삭 죄다 자르니 벼이삭 푸르구나.

---

31 중원(仲元)은 왕안석의 시에 서중원(徐仲元)으로 나온다. 자가 중원일 것이며, 이름은
    미상이다.
32 안휘성(安徽省) 회하(淮河). 진회(秦淮).
33 국립중앙도서관 소장 『해동명필첩(海東名筆帖)』에 우계(牛溪) 성혼(成渾, 1535~1598)
    이 이 시를 행서로 쓴 글씨가 들어 있다.
34 화숙(和叔)은 진역(陳繹, 1021~1088)의 자(字). 낙양 사람으로, 경력(慶曆) 초에 진사가
    되었다. 관각교감(館閣校勘), 집현교리(集賢校理)를 지냈다. 유릉(裕陵) 때 다시 한림
    (翰林)으로 들어가 학사(學士)로 있었으며, 1082년(元豐 5)부터 1084년(元豐 7)까지 강
    녕현(江寧縣) 지현(知縣)으로 있었다. 신종(神宗) 때 발탁되어 시종(侍從)이 되었다.
35 원간본 『소동파시주』에는 제목이 〈진화숙과 함께 제안사에 노닐다[同陳和叔遊齊安]〉
    로 되어 있다.

다른 날 옥당에서 휘호하던 솜씨로
꽃다운 시절에 함께 교야에서 시를 짓네.
繰成白雪桑重綠, 割盡黃雲稻正靑。
它日玉堂揮翰手, 芳時同此賦林坰。

정림원 창에 쓰다
書定林院牕

죽계가 나를 일깨워 화서의 꿈에서 깨게 하니
일어나 등불 끄고 화로를 껴안네.
시험삼아 스님에게 꿈꾼 게 무어냐고 물으니
다 잊었노라고 말할 뿐, 없었다고는 말하지 않네.
竹鷄呼我出華胥, 起滅篝燈擁燎鑪。
試問道人何所夢, 但言渾忘不言無。

웅백통[36]과 함께 정림사[37]로부터 오진암[38]에 들러서
同熊伯通自定林過悟眞[39]

물빛과 산기운이 파랗게 넘실거리니

낙조 아래 돌아가려다 다시 잠시 멈추네.

이제부터는 응당 이 경치가 꿈속에 영원히 들어와

꿈속에서 되려 친구와 다시 노닐리라.

水光山氣碧浮浮, 落日將歸又少留。

從此征應長入夢, 夢中還與故人遊。

---

36 웅본(熊本, 1026~1091), 자(字)가 백통이다. 파양(鄱陽) 사람이다. 1046년(慶曆 6)에
　　진사가 되어, 건덕현(建德縣) 지현(知縣), 진봉로 도전운사(秦鳳路都轉運使), 계주지주
　　(桂州知州) 겸 광서경략사(廣西經略使), 이부시랑(吏部侍郞), 홍주지주(洪州知州) 등을
　　지냈다. 왕안석의 변법을 지지하여 신당(新黨)에 속했다. .

37 정림사(定林寺)는 남경시(南京市) 강녕구(江寧區) 방산(方山)에 있는 고찰로, 남조 선
　　종(禪宗)의 성지이다.

38 오진암(悟眞庵)은 장산(蔣山) 팔공덕수(八功德水) 남쪽에 있다. 매지(梅摯)가 「오신원
　　기(悟眞院記)」를 지었다.

39 시 제목이 잘못되었다. 〈항주 망호루에서 돌아가면서 말 위에서 지어서 옥여와 낙도에
　　게 드린다[杭州望湖樓回馬上作呈玉汝樂道]〉가 옳다. 〈웅백통과 함께 정림사로부터 오
　　진사에 들러서〉는 원래 두 수인데, 그 첫째 수는 이러하다. "동쪽에서 온 손님과 차
　　한 잔 하고 싶어, 권태롭게 소나무 옆 바위에 기댈 듯이 앉았더니, 은은한 향기가 한바
　　탕 바람에 실려와, 찔레꽃이 개울가에 피어 있음을 알겠네.[與客東來欲試茶, 倦投松石
　　坐欹斜. 暗香一陣連風起, 知有薔薇澗底花.]"

임진
臨津[40]

임진의 곱디고은 꽃 천 그루
오솔길 끼고 너울거리는 버드나무 서너 줄.
아직도 생각나네 금명지[41] 길에서
붉은 치마 기녀들이 다투어 녹의 도령에게 바치던 것이.
臨津艶艶花千樹, 夾徑斜斜柳數行。
卻憶金明池上路, 紅裙爭自綠衣郎。

정사
汀沙

모래사장이 흰눈인 듯 깔리고 물은 넘실대는데
시든 갈대 가물거리는 아지랑이 속에 오리가 잠들었네.
북쪽으로 떠나갔다가 이곳을 그리워하는 사람 많아
집집마다 그림으로 그려 병풍에 장식한다네.
汀沙雪漫水溶溶, 睡鴨殘蘆醃靄中。
歸去北人多憶此, 每家圖畫有屛風。

---

40 동릉현(銅陵縣) 순안진(順安鎭). 당나라 초 임진역(臨津驛)을 여기에 두었다. 정릉(定陵), 의안(義安), 동릉(銅陵)의 현치(縣治)가 있던 곳이다. 왕안석이 순안(順安) 대명사(大明寺)에서 유학(遊學)하고 강과(講課)할 때 시를 지었다.

41 금명지(金明池)는 북송 때 황가의 원림(園林)으로, 동경(東京) 변량성(汴梁城)[지금의 개봉(開封)] 밖에 있었다.

봄날 연회 석상에서
春日席上

십년을 유락하여 돌아갈 기약 어기고는
강물에 임하고 산에 올라 길손의 상념 깊구나.
오늘은 술잔 앞에 두고 천만 한이 일기에
〈자고사〉[42] 자주 부르는 소리를 차마 듣지 못하겠네.
十年流落負歸期, 臨水登山客有思。
今日樽前千萬恨, 不堪頻唱鷓鴣辭。

구용[43] 가는 길에
句容道中

거친 안개 차가운 비에 저녁 산이 묵중한데
풀과 나무 어둑하고 바람만 부는구나.
이십사년 사이에 세 번을 왔다 가니
이 한 몸이 대부분 온갖 근심에 싸여 있었네.
荒煙寒雨暮山重, 草木冥冥但有風。
二十四年三往返, 一身多在百憂中。

---

42 자고사(鷓鴣詞)는 당나라 교방(敎坊) 즉 기생 학교에서 가르치던 가곡 이름이다. 〈자고
    사(鷓鴣辭)〉라고도 하며, 또 〈산자고(山鷓鴣)〉라고도 한다.
43 구용(句容)은 강소성(江蘇省) 진강시(鎭江市) 서남부에 장강에 임한 곳에 있으며 서쪽
    으로 남경과 접하고 있는 지역이다.

상원일 밤에 장난삼아 짓다
上元夜戲作[44]

말 머리에서 흥겹기는 누가 가장 앞서나?
굽은 골목 비낀 거리를 하나하나 뚫고 가네.
온 성에 경국지색 없다고 말할지라도
붉은 문 속에 미녀가 꽁꽁 감추어져 있을지 몰라.
馬頭乘興尙誰先? 曲巷橫街一一穿。
盡道滿城無國艶, 不知朱戶鎖嬋娟。

목부용
木芙蓉[45]

물가에 무수히 피어난 목부용
이슬에 물든 연지색이 그리 진하진 않구나.
마치 아름다운 여인이 막 술에 취해서
애써 청동거울 손에 들고 게을리 화장하는 듯하네.
水邊無數木芙蓉, 露染胭脂色未濃。
正似美人初醉着, 强抬青鏡欲妝慵。

---

44 『왕형공시주』의 이벽의 주에 "이 시는 평보(平甫)가 지은 듯하다."라고 각주를 붙였다.
　　평보는 왕안석의 아우 왕안국(王安國)의 자이다.
45 목부용(木芙蓉)은 목련(木蓮)이다. 중추(仲秋) 경에 꽃이 피는데, 추위를 잘 견디어 떨
　　어지지 않으므로 거상화(拒霜花)라고도 하며, 지부용(地芙蓉)으로도 불린다.

동강
東江

동강에 나뭇잎 지고 물은 질펀한데
누런 갈대를 다 베고나니 물가 모래밭이 허전하구나.
남쪽 시내에선 석양 아래 안개가 절로 일어나고
서산은 막막하여 있는 듯 없는 듯하네.

東江木落水分洪, 伐盡黃蘆洲渚空。
南澗夕陽煙自起, 西山漠漠有無中。

북을 바라보다
北望

회남땅 바라보려니 머리 더욱 희어져
명아주 지팡이 짚고 쓸쓸히 물가에 서 있네.
어여쁜 초승달은 누구를 위한 것이기에
수많은 저녁 산 마주하며 시름에 잠기누나.

欲望淮南更白頭, 杖藜蕭颯倚滄洲。
可憐新月爲誰好, 無數晚山相對愁。

쇠잔한 국화
殘菊[46]

황혼녘 비바람이 원림을 때리니
쇠잔한 국화 바람에 떨어져 땅에 황금 가득하네.
그나마 남은 가지 하나 손에 쥐니
가련하여라 공자의 꽃 아끼는 마음이여.

黃昏風雨打園林, 殘菊飄零滿地金。
攪得一枝猶好在, 可憐公子惜花心。

육왕 대각선사[47]에게 부치다
寄育王大覺禪師

산의 나무는 슬피 울고 강물은 성나 흐르는데

---

46 이 시에 대하여 구양수(歐陽脩)와의 일화가 있다. 왕안석이 "쇠잔한 국화 바람에 떨어
져 땅에 황금이 가득하다"라고 한 것에 대해 구양수가 희롱으로 "가을꽃은 봄꽃같이
떨어지지 않으니, 시인은 자세히 보라고 알리노라.[秋花不比春花落 爲報詩人仔細看]"
라고 했다. 왕안석은 웃으면서 "구구(歐九)는 어찌 『초사(楚辭)』의 '저녁에는 가을 국화
떨어진 꽃잎을 먹는다.'라는 말을 보지 못했는가." 하였다. 명나라 팽대익(彭大翼)이
『산당사고(山堂肆考)』 권199 「화품(花品)」에서 "구양수와 왕안석 두 사람은 문장으로
한 시대를 주름잡았는데, 좌우에 칼을 차고 서로 비웃었으니, 초목의 이름에 대해 다
알지 못해서 떨어지는 것도 있고 떨어지지 않는 것도 있다는 것을 모른 것이 아니겠는
가?[歐王二公文章擅一世, 而左右佩劍, 彼此相笑, 豈非於草木之名猶未盡識, 而不知有
落不落者耶?]"라고 했다.

47 북송 운문종(雲門宗)의 승려 회련(懷璉). 철종 원우(元祐) 5년에 81세로 타계했다. 연삼
생(璉三生), 대각선사(大覺禪師), 육왕회련(育王懷璉), 회련대각(懷璉大覺), 육왕대각
회련(育王大覺懷璉), 대각련(大覺璉), 진사주(陳泗州), 육왕련(育王璉), 기지(器之), 대
각련(大覺連)이라고도 불렸다. 죽은 후 소식(蘇軾)이 탑명(塔銘)을 찬술했다.

온갖 벌레가 밤을 독차지해 높은 가을 하늘을 그리워하네.
도인은 방장실에서 응당 아무 꿈 없으려니
상상컨대 길게 시구 읊음은 혜휴[48]에 비기겠지.
山木悲鳴水怒流, 百蟲專夜思高秋。
道人方丈應無夢, 想復長吟擬慧休。

북산이 그리워라
北山有懷

향화 불공의 인연을 이 산에 부치고
군주의 은혜로 노년을 부쳐 인간세계를 떠났네.
상심하여 언덕 길에서 주저하면서
명월 춘풍 속에 스스로 왕래하노라.
香火因緣寄此山, 主恩投老更人間。
傷心躑躅岡頭路, 明月春風自往還。

---

48 혜휴(慧休, 548~?)는 영주(瀛州)[하북(河北)] 사람으로 속성은 악(樂)이다. 16세에 출
   가하여 업도(鄴都)에서 수학했다. 발해(渤海)로 가서 명언(明彦)에게 성실론(成實論)을
   전수받고 입관(入關)하여 섭대승론(攝大乘論), 사분률(四分律)을 익혔다. 수나라 말에
   상주(相州) 운문사(雲門寺)에 거처하며 구란(寇亂) 때 성을 수호했다. 635년 징소되었
   으나 병을 이유로 나아가지 않았다. 645년 상주(相州) 자윤사(慈潤寺)에서 수도했다.
   『속고승전(續高僧傳)』 권15에 입전되었다.

오경
五更

푸른 등불이 휘장 건너 유유하게 비추고
가랑비에 아지랑이 끼어 엉켜 흐르지 않네.
다만 귀뚜라미 소리 들려서 꿈꾸질 못하니
오경의 오동잎 소리에 억지로 가을임을 아노라.

青燈隔幔映悠悠, 小雨含煙凝不流。
只聽蛩聲已無夢, 五更桐葉强知秋。

설조명[49]과 함께 바둑을 두며 매화시를 걸었다가 내기에 져서 지어 주다
與薛肇明弈棋賭梅花詩輸

흰 머리로 봄을 찾아 매화를 보니 즐거운데
길에 임한 한 그루에 흰 눈이 갑절 쌓인 듯 만개했네.
봉성 남쪽 길에 지난날이 그리운데
은은한 향은 역졸 따라 오기 어려워라.

華髮尋春喜見梅, 一株臨路雪倍堆。
鳳城南陌他年憶, 香杳難隨驛使來。

---

49 설조명(薛肇明)은 설앙(薛昂)으로, 항주(杭州) 사람이다. 권신(權臣) 채변(蔡卞)의 당인(黨人)으로 사마광(司馬光)의 『자치통감(資治通鑑)』을 훼파(毁罷)하려 하다가 태학박사 진관(陳瓘)의 반대로 저지되었다.

또 설조명을 대신하여
又代薛肇明

들판 시내 물가에 거친 산이 적막한데
꽃다운 나뭇가지 색조를 희롱하니 봄이 너무 애잔하네.
짐짓 밝고 고운 빛으로 눈 서리를 이기니
푸른 허리 옥녀의 꾸짖음도 두렵지 않아라.
野水荒山寂寞濱, 芳條弄色最關春。
故將明艶淩霜雪, 未怕靑腰玉女嗔。

북산
北山

북산이 푸른 물 실어와 제방을 가득 채우니
곧게 판[50] 도랑 구비진 못에 철철 넘치네.
떨어진 꽃잎 하나씩 세느라 오래 앉아 있다가
꽃다운 풀 천천히 찾느라고 늦게야 돌아왔네.
北山輸綠漲橫陂, 直塹回塘灔灔時。
細數落花因坐久, 緩尋芳草得歸遲。

---

50 '眞漸'을 『임천선생문집』과 대조하여 '直塹'으로 고쳐 번역하였다.

넷째 조카 방[51]에게 부친다
寄四姪旊[52]

게을리 책을 읽어온 지 서너 해
곁엣사람은 나의 배가 퉁퉁하다고 놀리네.
집에 돌아가면 아이들 시끄러움을 꺼려
승방에서 탑상을 빌려 짐짓 잠에 드노라.
懶讀書來已數年, 從人嘲我腹便便。
爲嫌歸舍兒童聒, 故就僧房借榻眠。

징소에 응하여 부임하는 길에
赴召道中

바닷기운이 어둑어둑하고 초 땅 기운이 넘쳐나며
물가가 굽어도니 물이 가운데를 비껴흐르네.
종산의 길에는 십리에 푸른 소나무 들어찼는데
다만 서남쪽으로 한 조각 구름이 동떨어져 있구나.
海氣冥冥漲楚氛, 汀洲回薄水橫分。
靑松十里鍾山路, 只隔西南一片雲。

---

51 왕안석의 조카 왕방(王旊). 왕안석 형제 집에는 왕방(王雱), 왕방(王旊), 왕항(王航),
    왕방(王防), 왕기(王旂) 등의 자질(子姪)들이 있었다.
52 〈넷째 조카 방에게 부친다[寄四姪旊]〉는 원간본 『왕형공시주』 권45에 「혜사 상인의
    세이일 시에 화운한 2절[和惠思歲二日二絶]」의 제1수이다.

최공도[53] 집의 풍금을 두고 화운하다
和崔公度家風琴

1.

산 같은 옥척(屋脊) 아래 종일토록 표표하여

흡사 은둔하는 이를 위해 적막함을 깨는 듯하네,

기심 있기에 모름지기 억지로 시끄러워지리니

다만 현해[54]하여 비로소 소리를 지워야 하리라.

屋山終日信飄飄, 似與幽人破寂寥.

爲有機心須强聒, 直敎懸解始聲消.

2.

만물은 불평하면 울려날 수 있으니[55]

세간의 노래와 울음은 둘 다 앵앵거리네.[56]

그대는 이 품물이 마음에 무엇을 바라는지 알리라

스스로 믿어 천기[57]에서 절로 소리가 일어나네.

---

53 최공도(崔公度, ?~1097)는 북송 시인, 자는 백이(伯易). 강소성(江蘇省) 고우(高郵) 사람.

54 속박에서 풀려남. 『장자(莊子)』 「양생주(養生主)」에 "마침 이 세상에 태어난 것은 태어날 때였기 때문이고, 마침 세상을 떠난 것은 갈 때였기 때문이니, 태어나는 때를 편안히 여기고 죽는 때에 순함에 처하면 슬픔이나 즐거움의 감정이 마음에 들어가지 못하나니, 옛날에 이것을 일러 상제가 매달려 있는 것을 풀어 주었다고 한다.[適來, 夫子時也, 適去, 夫子順也, 安時而處順, 哀樂不能入也, 古者謂是帝之懸解.]"라고 한 데서 나온 말이다.

55 한유(韓愈)의 〈송맹동야서(送孟東野序)〉에서 "대체로 물건이 그 화평함을 얻지 못하면 운다.[大凡物不得其平則鳴.]"라고 한 데서 온 말이다.

56 『시경』 「소아(小雅) 청승(靑蠅)」에, "앵앵대는 저 쉬파리, 가시나무에 앉았도다.[營營靑蠅, 止于棘.]"라고 하였다.

57 천기(天機)는 내면의 천진(天眞)함을 뜻한다. 춘추 시대 진 목공(秦穆公)이 말의 상(相)을 잘 보던 구방고(九方皐)에게 천리마를 구해 오게 하였다. 백락이 말하기를 "구방고가 본 것은 천기이므로, 그 정한 것만 얻고 추한 것은 잊어버리며, 내면의 것만 중시하

萬物能鳴爲不平, 世間歌哭兩營營。
君知此物心何欲, 自信天機自有聲。

북산
北山

나무를 파서⁵⁸ 서너 길 남짓 되는 배를 만들어
바람 부는 밤 달이 연꽃 비추는 것을 누워서 보면,
맑은 향이 한 바탕 풍겨나 더위라고는 조금도 없고
때때로 놀란 상앗대질에 물고기 튀어 나오네.
刳木爲舟數丈餘, 臥看風月映芙蕖。
淸香一陣渾無暑, 時有驚榔躍出魚。

고 외면의 것은 잊어버리며, 보아야 할 것만 보고 보지 않아야 할 것은 보지 않으며, 살필 것만 살피고 살피지 않아야 할 것은 살피지 않습니다.[若皐之所觀, 天機也, 得其精而忘其麤, 在其內而忘其外. 見其所見, 不見其所不見. 視其所視, 而遺其所不視.]"라고 하였다. 『열자(列子)』「설부(說符)」에 나온다.
58 원문은 '고목(刳木)'이다. 『주역』「계사전 하(繫辭傳下)」에, "나무를 파내 배를 만들고 나무를 깎아 노를 만들어, 배와 노의 이로움으로 안 통하는 것을 건너게 하여 먼 곳까지 도달함으로써 천하를 이롭게 하였다.[刳木爲舟, 剡木爲楫, 舟楫之利, 以濟不通, 致遠以利天下.]"라고 하였다.

차운한 행화 시
次韻杏花[59]

비바람이 봄을 놀래켜 되돌릴까만 근심하고
나뭇가지 머리에 난만하게 피어난 걸 볼까 걱정하네.
들 새가 사람 마음을 헤아리지 못하고
쪼아 떨어뜨려 푸른 이끼에 점철하게 만들기에.
只愁風雨劫春回, 怕見枝頭爛熳開。
野鳥不知人意緒, 啄敎零亂點蒼苔。

은자를 방문하다
訪隱者[60]

동자가 구름 뚫고 가선 저녁까지 돌아오지 않으니
누가 소나무 아래 흩어진 바둑알을 거두랴.
선생은 낙화 속에 취하여 누워 있고
봄이 가도 인간세계에선 도무지 모르네.
童子穿雲晚未歸, 誰收松下著殘棋。
先生醉臥落花裏, 春去人間總不知。

---

59 본래 3수인데, 그 제1수이다.
60 정의보(鄭毅夫) 문집에도 들어 있어서 누가 원작자인지 알 수 없다고 하였다.

잡영
雜詠[61]

1.
훈업은 이루지 못해 강물에 비춰보며 부끄러워 하고
누런 먼지는 눈에 들어와 산을 바라보며 수심하네.
안개 속에 강남 강기슭은 막막하니
다시 집사람과 잠깐 머무노라.
勛業無成照水羞, 黃塵入眼見山愁。
煙中漠漠江南岸, 更與家人一少留。

2.
흰 머리로 다시 태녕궁[62]에 이르니
옥패와 옥 장식이 시야에 들어오네.
가희와 무희는 그 사이 바뀌어 가련하구나
꽃 피고 꽃이 지길 몇 번 봄바람 거쳤던가?
白頭重到太寧宮, 玉佩瓊琚在眼中。
歌舞可憐人暗換, 花開花落幾春風?

3.
오석강 머리에 철쭉이 붉고
동강의 버들빛은 봄바람에 일렁이네.

---

61 잡영(雜詠)은 모두 6수인데, 그 제1수, 제2수, 제4수이다. 이 시를 두고 명나라 양신(楊愼)의 『승암시화(升庵詩話)』에서는 왕안석이 귀전(歸田) 이후에 '수오진심(羞惡眞心)'이 발했다고 보았다.
62 원간본 『왕형공시주』의 이벽 주에 따르면, 대중상부(大中祥符) 4년(1011) 봄에 조칙으로 태녕궁으로 받들고, 수리를 하여 전실에 후토성모상(后土聖母像)을 안치했다고 한다.

계절의 풍광은 지난날 만난 듯도 한데
기나긴 해가 풀숲에 한참을 머무네.
烏石岡頭躑躅紅, 東江柳色漲春風。
物華人意曾相值, 永日留連草莽中。

금릉 보은대사의 서당 방장에서
金陵報恩大師西堂方丈[63]

처마 꽃에 해 비추고 한낮의 바람은 향기 짙어라
노란 꾀꼬리 우는 소리가 대나무 건너에서 때때로 들리네.
향로의 향 심지 다 타도록 봄 잠 자고 일어나니
상방에 거마가 정히 시끌시끌하구나.
簷花映日午風薰, 時有黃鸝隔竹聞。
香炧一爐春睡足, 上方車馬正紛紛。

명아주 지팡이
杖藜

명아주 지팡이 짚고 물결 따라 동강을 돌아가다가
흥이 끝나 돌아와 평상에 오르네.
요와 걸의 시시비비가 가끔 꿈에 보이니

---

63 2수인데, 그 제1수이다.

지난날의 습성을 온전히 잊기 정말 어렵구나.
杖藜隨水轉東岡, 興罷還來赴一床。
堯桀是非時入夢, 固知餘習未全忘。

눈이 마르고
雪乾

눈이 마르고 구름 맑아 멀리 산봉우리 보인다만
남쪽 길 방초는 다시 찾아갈 수 없구나.
버들과 매화가 찡그렸던 얼굴 바꾸어 한 바탕 웃으니
봄바람이 버들에 불어와 황금이 일만 덩이로구나.
雪乾雲淨見遙岑, 南陌芳菲復可尋。
換得千顰爲一笑, 春風吹柳萬黃金。

남쪽 포구
南浦

남쪽 포구 동쪽 언덕에 이월이 되면
봄 풍광이 나를 사로잡아 새 시를 짓게 하네.
바람 머금은 푸른 물결[64] 가닥가닥 물놀이치고

---

64 원문의 '鴨綠'은 물빛이 물오리 머리처럼 짙푸른 것을 형용한 말이다. 송나라 육유(陸
游)의 〈쾌청(快晴)〉 시에 "나청빛 와옥이 안개 헤치고 나왔고, 짙푸른 금강이 산을 안고
왔네.[瓦屋螺靑披霧出, 錦江鴨綠抱山來.]"라고 하였다.

샛노란 버들가지 햇살 희롱하며 간들간들 늘어졌구나.
南浦東岡二月時, 物華撩我有新詩。
含風鴨綠粼粼起, 弄日鵝黃裊裊垂。

대숲 속
竹裏

대숲 속에 초가 얽어 바위뿌리에 기대니
대줄기 성긴 틈새로 앞마을이 보이네.
한가롭게 종일 자도 찾아오는 이 없어
봄바람이 절로 문 앞을 쓸어주는구나.
竹裡編茅倚石根, 竹莖疏處見前村。
閑眠盡日無人到, 自有春風爲掃門。

봄바람
春風

봄바람이 버드나무 스치니 푸르기가 비단 같고
맑은 햇살이 붉은 기운 뿜어내어 작은 복사꽃을 피웠네.
연못 따스하고 물 향기로워 물고기 나타나니
한 고리 맑은 물결이 정자 언덕에 솟구치누나.
春風過柳綠如繰, 晴日烝紅出小桃。
池暖水香魚出處, 一環清浪湧亭皐。

언덕의 보리
陂麥

언덕 보리밭에 연이은 구름은 담황색으로 담담하고
녹음 진 문앞 거리는 그리 서늘하지 않구나.
한 조각 복사꽃도 더 이상 없으니
봄이 돌아가는 것이 어이 그리 바쁜지 묻노라.

陂麥連雲慘淡黃, 綠陰門巷不多涼。
更無一片桃花在, 借問春歸有底忙?

나뭇가지 끝
木末

나무가지 끝으로 북산의 안개 흐늘거리고
풀뿌리 사이로 남쪽 개울물 졸졸 흐르네.
흰 눈같은 명주실 켜자 뽕나무 더욱 푸르러지고
누런 구름처럼 익은 보리 다 베어내자 벼가 막 푸르구나.

木末北山煙冉冉, 草根南澗水泠泠。
繰成白雪桑重綠, 割盡黃雲稻正靑。

자설을 올리며
進字說[65]

1.

사물의 이름을 바로잡음은 헌원씨부터였으니
들 늙은이가 어이 무리하게 토론할 줄 알랴?
남에게 쓸데 없는 시문이나 줄 수 있을 뿐[66]
어이 황혼에 귀신을 곡하게[67] 만들 수 있으랴.

正名百物自軒轅, 野老何知强討論?
但可與人漫醬瓿, 豈能令鬼哭黃昏?

2.

정호에 용이 떠난 후[68] 자서가 남았으니
천지개벽의 신령한 기틀을 맡을 성스런 자손이 있다만[69]

---

65 〈자설을 올리며[進字說]〉는 2수로 되어 있으나, 『왕형공시주』에서 제2수는 제목이 〈자설을 이루고나서[成字說後]〉로 되어 있다.

66 원문의 '부부(覆瓿)'는 장독 뚜껑이라는 뜻으로, 시문이 아무 가치가 없는 것을 비유한다. 양웅(揚雄)의 고사에서 나왔다. 한나라 때 거록(鉅鹿)의 후파(侯芭)가 양웅의 집에 가서 『태현(太玄)』과 『법언(法言)』을 수업받았는데, 유흠(劉歆)이 보고 양웅에게 말하기를 "공연히 스스로 괴로울 뿐이로다. 지금 학자들은 녹리가 있지만 『주역』에도 밝지 못한 실정인데 더구나 『태현』을 이찌하겠는가. 내 생각에는 후인들이 『태현』을 장독 뚜껑으로나 쓰게 되지 않을까 싶다.[空自苦! 今學者有祿利, 然尙不能明易, 又如玄何? 吾恐後人用覆醬瓿也.]"라고 하였다. 양웅은 웃으면서 대답하지 않았다고 한다.

67 『회남자(淮南子)』「본경훈(本經訓)」에 "옛날에 창힐(蒼頡)이 글자를 만들자 하늘에서 곡식이 내리고 귀신이 밤에 곡하였다.[昔者蒼頡作書, 而天雨粟, 鬼夜哭.]"라고 하였다.

68 정호(鼎湖)는 하남성(河南省) 형산(荊山) 아래에 있는 지명으로, 황제(黃帝)가 형산 아래서 솥을 주조했던 데서 붙여진 이름이다. 『사기(史記)』「봉선서(封禪書)」에 보면, 황제가 솥을 주조하고 용을 타고 승천할 때 군신과 후궁으로 함께 따라 올라간 자가 70여 인이었고, 따라가지 못한 소신(小臣)들은 모두 용의 수염을 잡고 있다가 용의 수염이 빠지자 땅에 떨어졌다고 한다.

호해의 늙은 신하는 창힐같은 중동(重瞳)이 아니라서
함부로 찌꺼기를 가져다 궁성 문을 더럽히네.

鼎湖龍去字書存, 開闢神機有聖孫。
湖海老臣無四目, 謾將糟粕汙修門。

초여름에 보이는 대로 쓰다
初夏卽事

돌다리 초가집 구비진 산언덕
개울물이 철철 제방 사이를 지나네.
맑은 햇살 따스한 바람에 보리 냄새 풋풋하니
짙은 그늘 그윽한 풀이 꽃보다 좋은 철일세.

石梁茅屋有彎碕, 流水濺濺度兩陂。
晴日暖風生麥氣, 綠陰幽草勝花時。

창숙의 시에 차운하다
次昌叔韻

작위는 받았으나 봉국 없어 종산에 몸 부쳤으니
푸른 소나무 어둑한 사이에 은거처가 있네.
언제나 소리내어 불경을 외우니

---

69 송나라 천자의 조씨(趙氏)를 황제의 후손으로 본 것이다. 하지만 『왕형공시주』의 이벽
주는 조씨가 전욱씨(顓頊氏)의 후손이므로 이 시구는 재고해야 한다고 한다.

들바람 서늘하고 개울물 졸졸 흐르는구나.

寄公無國寄鍾山, 垣屋靑松晻靄間。

長以聲音爲佛事, 野風蕭颯水潺湲。

부용당
芙蓉堂[70]

늙어 벼슬 그만두고 돌아와 폭건 하나로 지내건만

여전히 번병 신하로서 영광과 봉록을 지나치게 받네.

부용당 아래에는 가을 물이 콸콸 흘러

짐짓 거북이며 물고기랑 주인이 되었구나.

投老歸來一幅巾, 尙私榮祿備藩臣。

芙蓉堂下疏秋水, 且與龜魚作主人。

청량사 백운암
淸涼白雲庵[71]

암자는 구름이 정수리라 이웃 없이 아스라하고

강물과 달이 옷깃 되어 고요함이 몸에 맞네.

---

70 『왕형공시주』에는 〈한지국의 부용당에 답한 2수[答韓持國芙蓉堂二首]〉라는 제목이며,
   이 시는 그 제1수이다. 한지국은 곧 한유(韓維)이다. 부용당은 건강(建康)의 부치(府治)
   에 있었다.
71 『왕형공시주』에서는 〈청량사 백운암[淸涼寺白雲庵]〉이라 하였다.

산등성이에 나뭇잎 떨어져 절로 헌정하고
강물은 모래톱으로 돌아가 옆으로 비꼈구나.
庵雲作頂峭無鄰, 衣月[72]爲衿靜稱身。
木落岡巒因自獻, 水睇[73]洲渚得橫陳。

암자로 돌아와서
歸庵

볏논에 물이 잠겨 푸른 볏모 가지런하고
소나무 갈기가 갓 말랐으나 여전히 진흙이 묻어 있네.
노새 가는대로 묏부리를 찾아 암자에 돌아와 홀로 누우니
동쪽 암자의 꿈이 덜 깬 터에 한낮 닭이 우네.
稻畦藏水綠秧齊, 松鬣初乾尙有泥。
縱蹇尋岡歸獨臥, 東庵殘夢午時雞。

---

72 '衣月'이 『왕형공시주』에 '수월(水月)'로 되어 있다.
73 '睇'가 『왕형공시주』에 '귀(歸)'로 되어 있다.

사공돈[74]
謝安墩

1.

내 이름이 공의 자와 우연히 서로 같고

내 집에서 공이 노닐던 언덕도 한눈에 보이네.

공은 가고 내가 와 언덕이 내게 속했으니

언덕의 성을 이제는 공을 따라 부르면 안 되겠구나.

我名公字偶相同, 我屋公墩在眼中。

公去我來墩屬我, 不應墩姓尙隨公。

2.

사안의 지난 자취를 쫓기 어려운데

산의 달과 회수의 구름이 왕래를 영접하네.

한 번 떠나 끝내 돌아가지 못하다니 가련하구나

모년에 눈물 흘리며 환이[75]를 마주한 듯해라.

---

74 사안돈(謝安墩)은 진(晉)나라 사안(謝安)과 왕희지(王羲之)가 올랐던 유적으로 지금 남
경시(南京市) 동쪽 반산(半山) 위에 있다. 후대에 왕안석(王安石)이 만년에 이곳에서
살며 반산정(半山亭)을 지어 놓고 거닐었다. 이백(李白)의 시 〈금릉 야성의 서북에 있는
사안돈에 올라[登金陵冶城西北謝安墩]〉의 자주(自注)에 "이 돈대는 바로 진나라 태부
(太傅) 사안이 우군(右軍) 왕희지(王羲之)와 함께 올라가 초연히 고세(高世)의 뜻을 품
었던 곳이다. 그래서 내가 장차 이곳에 동산을 꾸밀 생각을 하면서 이 시를 지었다."라
고 하였다. 왕안석은 이름이 사안의 자(字)와 같아 가별히 친근감을 느꼈다.

75 환이(桓伊)는 진정한 친구를 말한다. 환이는 젓대를 잘 불고 쟁(箏)도 잘 탔다. 사안이
지위와 공훈(功勳)이 현달함으로 인하여 남의 참소를 입어 무제(武帝)의 의심을 받고
있을 때, 환이가 마침 무제의 연음(宴飮)에 부름을 받고 가서 무제의 명에 따라 젓대
한 곡조를 분 다음, 쟁 한 곡조 타기를 청하여 원시(怨詩)를 노래했으니, 그 시에 "임금
이 되긴 이미 쉽지 않거니와, 신하가 되긴 참으로 유독 어렵네. 충성하고 미쁜 일은
드러나지 않고, 이에 의심을 받는 걱정만 있도다.[爲君旣不易, 爲臣良獨難. 忠信事不
顯, 乃有見疑患.]"라고 하였다. 무제 곁에 모시고 앉았던 사안이 감격하여 흐르는 눈물

謝公陳跡自難追, 山月淮雲祇往時。
一去可憐終不返, 暮年垂淚對桓伊。

대성사[76] 곁으로 홀로 가다
臺城寺側獨行

봄산을 어지러이 할퀴며 봄물이 종횡하고
마을 울 아래 황폐한 밭에는 풀이 절로 자라났네.
산 아래 길을 홀로 갔다가 홀로 돌아오며
순여[77] 위에서 녹음이 이루어져 가는 것을 보노라.
春山撩亂水縱橫, 籬落荒畦草自生。
獨往獨來山下路, 筍輿看得綠陰成。

솔숲
松間

우연히 솔숲으로 가서 옛 시를 찾아들고
그대는 북산이문을 그만 읊으시게.

이 옷깃을 적신 채 환이에게로 다가가 그의 수염을 잡으며 말하기를 "사군이 여기에서 비범함을 보여 주었소.[使君于此不凡]"라고 하므로, 무제가 마침내 사안에 대한 의심을 풀었다고 한다. 『진서(晉書)』 권81 「환이열전(桓伊列傳)」에 나온다.

76 대성사(臺城寺)는 건강(建康) 경양산(景陽山)에 있다.

77 죽여(竹輿). 대나무를 엮어서 만든 가마를 말한다.

장부의 출사와 은거는 각각 뜻이 있으니
잔나비나 학은 예부터 알 수가 없었다네.
偶向松間覓舊題，野人休誦北山移。
丈夫出處非無意，猿鶴從來不自知。

다시 앞의 시에 차운한다
再次前韻[78]

가을의 한 점 등불이 깁 휘장을 비추어
『능엄경』 읽기 좋으니 집을 더 생각 말라.
모든 인연을 꿈같은 일로 마친 후
세간에는 다만 묘련화[79]가 있을 뿐일세.
秋燈一點映籠紗，好讀楞嚴莫念家。
能了諸緣如夢事，世間唯有妙蓮花。

---

78 『왕형공시주』에서는 〈오씨 여자의 시에 차운한 2수[次吳氏女子韻二首]〉 가운데 제2수
   이다.

79 『능엄경(楞嚴經)』 권5에, "자기 본래 마음에서 그 마음을 취한다면, 환상 아닌 바른
   법이 환상법을 이루지만, 취함 없이 그냥 두면 비환법도 없어지고, 환상 아닌 바른
   법도 생겨나지 않을 텐데. 실체 없는 환상법이 어느 곳에 서겠느냐. 이를 일러 청정하고
   미묘한 연꽃이며, 견고한 금강의 보배로운 깨달음이며, 환술처럼 자유로운 삼마제라
   이름한다.[自心取自心，非幻成幻法. 不取無非幻，非幻尙不生. 幻法云何立，是名妙蓮花.
   金剛王寶覺，如幻三摩提.]"라 했다. 묘련화는 『묘법연화경』을 가리키는 말이 아니다.

송 왕형공 이체시초 권6

양천 허균 단보씨(端甫氏) 선(選)

즉석에서
即席[1]

굽어나간 못에 얼음 녹은 물 넘쳐 넘실거리고
따스한 아지랑이가 푸른 기와를 감싸 들쑥날쑥하구나.
사람 마음은 누구나 봄이 얕은 것이나 한탄하지
한매의 가지가 몇이나 남았나 묻지를 않네.

曲沼融融[2]泮盡澌,　暖煙籠瓦碧參差。
人情共恨春猶淺,　不問寒梅有幾枝。

1　『왕형공시주』에 "혹자는 말하길 평보(平甫)가 지었다고 한다."라고 하였다. 평보는 왕
　안석의 아우 왕안국(王安國)의 자이다.
2　'융융(融融)'이 『왕형공시주』에는 '용용(溶溶)'으로 되어 있다.

왕개 학사가 호주 지주로 나가는 것을 전송하며
送王石甫學士知潮州[3]

오흥의 태수는 얼마나 멋진가
유운[4]이라도 시재 많다고 뻐길 수 없지.
아마도 고을 사람이 맞이하여 담여를 내리리[5]
백빈주[6]는 정히 푸른 물결 넘실거리네.
吳興[7]太守美如何, 柳惲詩才未足多。
遙想郡人迎下擔, 白蘋洲渚正滄波。

종산을 그리워하며
懷鐘山

늙어서 조정에 돌아와 천자 모시게 되었으니
티끌 세상에서 다시는 종산을 볼 수 없겠구나.

---

3 원문은 '送王石甫學士知潮州'로 되어 있지만, 『왕형공시주』에 따라 '送王介學士赴湖州
(字中甫)'로 번역하였다.
4 유운(柳惲)은 남조 양(梁)의 시인으로, 자는 문창(文暢)이다. 두 번이나 오흥 태수(吳興
太守)를 역임하였기 때문에 유오흥이라고 부른다. 유운은 시(詩), 척독(尺牘), 바둑,
거문고 등에 모두 능했다. 오흥은 절강성(浙江省)에 있는 현(縣) 이름이다
5 "담여를 내리리"의 원문은 '하담(下擔)'이다. 『환우지(寰宇志)』에 보면, 건업(建業)에는
영담호(迎擔湖)가 있다. 지난날 영가(永嘉) 연간에 황제가 의관을 옮겨 강을 지나자
호수 곁에서 객주가 영접하였으므로, 마침내 영담(迎擔)을 이름으로 삼았다. 담여를
내리는 자란 태수를 말한다.
6 남조 양(梁)나라 유운(柳惲)의 〈강남곡(江南曲)〉에 "물가 모래톱에 흰 마름을 캐니, 해
가 떨어지는 강남의 봄이로다.[汀洲採白蘋, 落日江南春.]"라고 하였으므로, 후인들이
이 모래톱을 백빈주(白蘋洲)라고 하였다.
7 원문의 '오흥(吳興)'이 『왕형공시주』에는 '동오(東吳)'로 되어 있다.

어찌 모름지기 좁쌀밥이 익은 뒤에라야
인간세상이 꿈속이라는 것을 비로소 깨닫는지 모르겠네.
投老歸來供奉班, 塵埃無復見鍾山。
何須更待黃粱熟, 始覺人間是夢間。

강녕[8]의 협구
江寧夾口

1.
맑은 물가[9] 모래톱 모옥에 술집 깃발 하나
정오 연기 홀로 솟아나니 숲 너머에 밥을 짓누나.
강은 맑고 해는 따스하며 갈대꽃 돌아나가니
흡사 춘풍에 버들솜 날리는 때와 같구나.
茅屋滄洲一酒旗, 午煙孤起隔林炊。
江淸日暖蘆花轉, 只似春風柳絮時。

2.
달 떨어지고 뜬 구름도 강물이 걷어가 텅 비니
맑은 물가를 한 밤 오경의 바람 아래 거슬러 오르네.
북산의 초목을 어떻게 다시 보랴

8　중국 강소성(江蘇省) 강녕현(江寧縣).
9　"맑은 물가"의 원문은 '창주(滄洲)'이다. 두보(杜甫)의 시 〈곡강대주(曲江對酒)〉에 "벼슬에 얽매인 몸 창주는 요원한 꿈이라서, 옷 떨치지 못하는 걸 그저 슬퍼할 따름이네.[吏情更覺滄洲遠, 老大徒傷未拂衣.]"라고 했다.

청등 아래 전전반측하다가 꿈마저 다 하는구나.

月墮浮雲水捲空, 滄州夜泝五更風。

北山草木何由見? 夢盡靑燈展轉中。

3.

강 어구에 돛을 내리자 황혼녘에 달이 뜨고

작은 점포는 등잔불도 없어 문을 닫으려 하네.[10]

모래 기슭이 곁으로 나오고 단풍은 반나마 죽었는데

배를 매려다 보면 응당 지난 해 흔적이 있으리라.

落帆江口月黃昏, 小店無燈欲閉門。

側出岸沙楓半死, 繫船應有去年痕。

성중
省中

세상만사 유유하다는 걸 잘 알고 있으면서도

억지로 웃음 짓고 세상을 여기저기 돌아다녔지.

평상 옮겨 홀로 가을바람을 마주하여

거미가 줄 치는 것을 조용히 바라보네.

萬事悠悠心自知, 强顔於世轉參差。

移床獨臥秋風裡, 靜看蜘蛛結網絲。

10　위의 두 구절이 한국의 〈어부가(漁夫歌)〉에 그대로 가사로서 사용되었다.

성중의 심문통[11] 청사에서
省中沈文通廳事

대나무 위 거미줄에 가을 바람이 불어오는데
모퉁이 문은 늘 닫아 걸어두고 아전도 드무네.
쓸쓸하게 탑상 하나에 서적 펼쳐두고 앉았다가
곧바로 해 기울자 말을 타고 돌아가네.
竹上秋風吹網絲, 角門常閉吏人稀。
蕭蕭一榻卷書坐, 直到日斜騎馬歸。

야직
夜直

금향로 향 다 타고 물시계소리 스러지는데
싸늘한 봄바람에 으스스 한기가 드네.
봄빛이 사람 애태워 잠 못 이루는데
달빛이 꽃그림자를 난간 위로 옮기는구나.
金爐香盡漏聲殘, 剪剪輕風陣陣寒。
春色惱人眠不得, 月移花影上欄幹。

---

11 심문통(沈文通)은 송나라 전당(錢塘) 사람으로, 이름은 구(遘), 호는 서계(西溪), 문통(文通)은 그의 자이다. 인종(仁宗) 때 진사에 합격한 후, 강녕부 통판(江寧府通判)·집현교리(集賢校理) 등 요직을 역임하고, 월주(越州)·항주(杭州) 등의 지주(知州)를 지내면서 선정을 베풀었으며, 벼슬이 한림학사(翰林學士)에 이르렀다. 저서에 『서계집(西溪集)』이 있다. 『송사(宋史)』 권331 「심구열전(沈遘列傳)」에 나온다.

시원에서
試院中[12]

흰머리로 무료하던 참에 병이 다시 침범하니
침상을 옮겨 대나무 가을 그늘 아래 눕노라.
아침에 기러기 등에는 서풍이 급하여
강호 만리로 돌아갈 마음을 불어서 꺾누나.

白髮無聊病更侵, 移床臥竹向秋陰。
朝來雁背西風急, 吹折江湖萬里心。

2.

싸락싸락 성근 비가 처마 굽이에 불어오고
찌륵찌륵 밤중의 귀뚜라미는 풀 뿌리에서 우누나.
한가로이 황량한 뜰에 돌아가지를 못해
등잔불 하나 깜박거리며 황혼녘을 비추네.

蕭蕭踈雨吹簷角, 喞喞暝蛩啼草根。
閑卻荒庭歸未得, 一燈明滅照黃昏。

인간세상
人間

인간세상에서 늙어가며 일이 더 분잡하고
재주 옅으니 어찌 군주를 요순으로 만들랴?

---

12 『왕형공시주』에 보면 〈시원 다섯 절구[試院五絶]〉 5수 가운데 제2수와 제5수이다.

누런 먼지 덮인 남쪽 큰 길로 말 한 필 몰고 가니
시야 속에 다만 북산의 구름만 들어오누나.
人間投老事紛紛, 才薄何能强致君?
一馬黃塵南陌路, 眼中唯見北山雲。

봄날
春日

사립문 물 속에 비쳐 푸른 이끼 보이고
봄은 꽃가지 에워싸고 가득 꽃을 피웠네.
먼 나들이길 행락객은 다 가보지 못하는데
날이 길어 울던 새가 날아갔다가 돌아오네.
柴門照水見靑苔, 春繞花枝漫漫開。
路遠遊人行不到, 日長啼鳥去還來。

출새
出塞

탁주 모래밭 위에서 한 잔 술에 머뭇거리며
봄바람 속에 오랑캐 춤 소거란을 구경하네.
변방의 비가 연나라 사람 눈물을 재촉하여
자욱히 흩날리며 한나라 사신 의관을 적시는구나.
涿州沙上飮盤桓, 看舞春風小契丹。
塞雨巧催燕淚落, 濛濛吹濕漢衣冠。

북산에 은거하는 왕한수의 벽에 쓰다
題北山隱居王閑叟壁

거친 마을의 집은 정오가 되어도 문 열지 않고
비 온 뒤 남은 봄꽃은 땅에 가득 남았네.
온 세상이 단지 은일에 정려할 수 있을 뿐
누가 이 사람이 왕손인 줄 알랴?
荒村日午未開門, 雨後餘花滿地存。
擧世但能旌隱逸, 誰人知道是王孫?

왕장[13]
王章

장사는 헌앙하여 자신의 이익을 도모하지 않고
임금 곁의 신하는 마땅히 나라 위해 깊이 근심하네.
구구한 여인은 높은 뜻이 없어
예전 쇠덕석 입던[14] 생각하고 따뜻함만 바라네.
壯士軒昂非自謀, 近臣當爲國深憂。
區區女子無高意, 追念牛衣暖卽休。

---

13 '和惠思歲二日'이라는 제목으로 필사되었는데, 『임천선생문집』에 따라 '王章'으로 고
    쳐 번역하였다.
14 한(漢)나라 때 왕장(王章)이 병들었을 적에 집이 매우 가난하여 이불도 없어서 소의
    덕석[牛衣]을 덮고 누운 적이 있다. 그 주에 안사고(顏師古)가 "우의는 마를 엮어 만드
    니, 지금 세속에서 용구라고 부르는 것이다.[牛衣, 編亂麻爲之, 卽今俗呼爲龍具者.]"라
    고 하였다. 『한서』 권76 「왕장전(王章傳)」에 나온다.

강가에서
江上

장강 북쪽 가을 하늘 반쯤 개었고
저녁구름이 비 머금고 낮게 깔렸구나.
청산은 굽이굽이 길이 없어 보이는데
문득 수많은 돛배들이 가물가물 나타나네.
江北秋陰一半開, 晚雲含雨卻低回。
青山繚繞疑無路, 忽見千帆隱映來。

봄 강
春江¹⁵

봄 강은 아득히 담장을 끼고 흐르고
안개 낀 풀은 보숭보숭하여 한 조각 시름을 일으키네.
바람이 버들 꽃에 불어 떨어뜨려도 사람은 보이지 않고
주막 푸른 깃발은 해를 성 머리에 떨어지라 재촉하네.
春江渺渺抱牆流, 煙草茸茸一片愁。
吹盡柳花人不見, 青旗催日下城頭。

---

15 『왕형공시초』에 보면, 혹자는 이 시가 방자통(方子通)의 작인데, 왕안석이 책 뒤에 써
두어, 사람들이 왕안석 작이라고 오인했다고 한다. 방자통의 이름은 방유(方維)로, 고
소(姑蘇) 사람이다. 벼슬하지 않고 은거했다.

봄 비
春雨

성 안 구름은 꿈속만 같고 버드나무는 너울너울 춤추네
들판 강물은 비껴 들어와 한껏 못을 채우네.
구십일의 봄 동안 온통 비 내렸으니
짐짓 응당 물기에 젖어 꽃을 이룰 시기로다.

城雲如夢柳傲傲，野水橫來强滿池。
九十日春渾得雨，故應留潤作花時。

약야계에서 흥겨워
若耶溪歸興

약야계에서 이끼 밟고 놀다가
흥이 다해 돛 펼쳐서 술 싣고 돌아오네.
물가의 풀 강둑의 꽃은 하나도 보이지 않고
푸른 산만 수없이 사람을 쫓아오네.

若耶溪上踏莓苔，興罷張帆載酒回。
汀草岸花渾不見，青山無數逐人來。

정림
定林

정림사 푸른 나무 늙어도 하늘과 나란하고
동남쪽 꿰뚫으며 한 줄기 샘물 흐르네.

유월에 명아주 지팡이 짚고 돌길 따라 나섰더니
한낮 그늘 가득한 곳에 시냇물 졸졸 흐르네.
定林靑木老參天, 橫貫東南一道泉。
六月杖藜尋石路, 午陰多處弄潺湲。

정림사 사는 곳에
定林所居

개울이 집을 감돌고 대나무는 산을 에워쌌는데
개울과 산이 다시 흰 구름 속에 있구나.
개울가에 지팡이[16] 놓고 산에 기대어 앉으니
개울의 새와 산속의 꽃이 나와 함께 한가롭구나.
屋繞灣溪竹繞山, 溪山卻在白雲間。
臨溪放艇依山坐, 溪鳥山花共我閑。

---

16 『왕형공시주』에 '艇'이 '杖'으로 되어 있어 '지팡이'로 번역하였다.

진화숙과 함께 북산에 노닐다
陳和叔遊北山[17]

봄바람이 집을 흔들고 비는 도랑을 메우니
동각이 써늘하여 담요 옷을 끼고 있네.
이웃 집에서는 누런 기장이 아직 익지 않았건만
아직 남은 꿈을 망아지 울음이 깨우는구나.

春風蕩屋雨塡溝, 東閣翛然擁毾㲪。
隣壁黃粱炊未熟, 喚回殘夢有鳴騶。

장당공[18]을 곡하다
哭張唐公

당읍[19]의 산림이 오래도록 적막하여
지난날 천자의 수레[20] 두던 곳에 닭이 머물러 날갯짓하네.

---

17 『왕형공시주』에 '同陳和叔遊北山'로 되어 있다. 진화숙은 진목(陳睦)으로, 자가 화숙 (和叔)이며 또다른 자는 자옹(子雍)이다. 포전(莆田) 사람인데, 소주(蘇州)로 이사했다. 1061년(嘉祐 6)의 진사로, 담주(潭州) 지주(知州)를 지냈다. 1070년(熙寧 3) 비서승(秘 書丞)을 지냈고 소시(召試)되어 집현교리(集賢校理)에 제수되었다. 양절제점형옥(兩浙 提點刑獄)을 거쳐 감찰어사(監察御史)에 배수되었다. 원풍(元豊) 연간에 보문각대제 (寶文閣待制)를 거쳐 광주(廣州) 지주가 되고, 담주 지주로 옮겼다가 죽었다

18 장괴(張瓌). 자가 당공이다. 진사에 급제하고 비각교리(秘閣校理)에 제수되었다. 동지 태상예원(同知太常禮院)으로 있다가, 개봉부(開封府) 추관(推官), 홍주(洪州) 지주를 지냈으며, 회남전운사(淮南轉運使)에 배수되었다. 내직으로 들어와 지제고(知制誥)를 지내고 황주(黃州) 지주로 나갔다. 영종 때 좌간의대부(左諫議大夫)에 올라, 한림시독 학사(翰林侍讀學士)가 되었다. 호주(濠州) 지주로 나가 응천부(應天府), 하남(河南), 하 양(河陽)의 지방관을 지냈으며, 태평주(太平州) 지주를 청했다. 향년 70세이다.

19 당읍(堂邑)이 어떤 본에는 '당읍(棠邑)'으로 되어 있다.

외로운 봉황이 운무 따라 아득한 하늘로 올라가고
남쪽 길에는 공연히 장례 행렬 이끄는 통소 소리 들리네.

堂邑山林久寂寥, 屬車前日駐鷄翹。
冥冥獨鳳隨雲霧, 南陌空聞引葬籥。

팔공산
八公山

진회의 산에는 다만 팔공의 이름만 남아[21]
홍보[22] 비법으로 황금을 만든다 했지만 끝내 만들지 못했네.

---

20 원문의 '속거(屬車)'는 천자의 수레 가운데 부거(副車)이다. 한 문제(漢文帝) 때 어떤
   사람이 천리마를 바치자 문제가 "앞에는 난기(鸞旗) 즉 천자의 기가 있고 뒤에는 속거
   (屬車) 즉 천자의 부거(副車)가 있어서 매일 길행(吉行)은 50리, 사행(師行)은 30리를
   가는데, 나 홀로 천리마를 타고 먼저 어디로 가겠는가."라고 하고 받지 않았다고 한다.
   『한서(漢書)』 권64하 「가연지전(賈捐之傳)」에 나온다.

21 팔공산은 안휘성(安徽省) 회남시(淮南市) 서쪽에 있는 산이다. '팔공(八公)'은 『회남자(淮
   南子)』를 저술한 한나라 회남왕(淮南王) 유안(劉安)의 문객인 소비(蘇非)·이상(李尙)·
   좌오(左吳)·전유(田由)·뇌피(雷被)·모피(毛被)·오피(伍被)·진창(晉昌) 등 8인을 가
   리킨다. 한(漢)나라 왕일(王逸)의 『초사(楚辭)』 「초은사(招隱士)」 해제(解題)에 따르면,
   팔공(八公)의 무리들이 각자 재주를 다해서 문장을 짓고 사부(辭賦)를 지으면서 유유상
   종하였는데, 이를 소산(小山)이라 하기도 하고 대산(大山)이라 하기도 하였다. 진(晉)나
   라 때 전진(前秦)의 왕 부견(符堅)이 쳐들어왔다가 사석(謝石) 등에게 크게 패한 뒤에,
   북쪽으로 팔공산(八公山)을 바라보았는데 산 위의 초목들이 진나라 군사들로 보여 크게
   두려워하였다는 고사가 있다. 『진서(晉書)』 권114 「부견재기(符堅載記) 하」에 나온다.

22 홍보(鴻寶)는 회남왕 유안(劉安)이 비장(秘藏)했던 도술 서적이다. 『한서(漢書)』 「유향
   전(劉向傳)」에 "회남왕이 베개 속에 간직한 『홍보원비서(鴻寶苑祕書)』가 있는데 세상
   사람은 그것을 본 자가 없었다. 갱생(更生)의 아버지 덕(德)이 무제(武帝) 때 회남의
   옥(獄)을 다스리면서 그 책을 얻었는데 갱생이 기이하게 여겨 나라에 바쳤다."라고 하
   였다. 『한서』 「유향전(劉向傳)」에 보면 갱생이 『홍보』를 바치자, 무제 때 그 비법을
   이용하여 실제로 시범을 보이도록 하였으나 실패했다고 한다.

유안(劉安)은 몸이 신선과 함께 큰 측간²³을 지켰으니
기르던 개도 닭도 장생불사할 수 있었다네.²⁴

淮山但有八公名, 鴻寶燒金竟不成.
身與仙人守都廁, 可能雞犬得長生.

손님을 마주하여
對客

창문과 벽에 바람이 돌아오니 오후 낮잠 자리가 서늘한데
청담으로 객을 마주하여 하나의 호상에 같이 앉아 있네.
마음으로 아노니, 천제의 힘이 천지와 같아
인간세계의 한낮이 길어지게 만들 줄 안다고.

窓壁風回午枕涼, 淸談相對一胡床.
心知帝力同天地, 能使人間白日長.

---

23 진(晉)나라 갈홍(葛洪)의 『신선전(神仙傳)』 가운데 「유안(劉安)」 조를 보면, 유안이 좌기(坐起)가 공손하지 못해 선백주(仙伯主)가 사안이 공경스럽지 못하여 배척하여 쫓아내야 한다고 상주하자, 팔공(八公)이 그를 변호해주었으므로 사면되어 큰 측간[都廁]을 3년간 지키게 되었다고 한다.

24 회남왕 유안(劉安)이 신선술을 터득하여 온 가족을 이끌고 승천(昇天)할 적에, 그 집의 닭과 개도 그릇에 남아 있던 단약(丹藥)을 핥아 먹고 하늘에 올라가서, "개는 천상에서 짖고 닭은 구름 속에서 울었다.[犬吠於天上, 鷄鳴於雲中.]"라는 전설이 있다. 『논형(論衡)』 「도허(道虛)」에 나온다.

갓 개다
初晴

한 줄기 밝은 아침노을이 발갛게 물드니
기와고랑에는 벌써 눈송이 녹아 내리네.
앞산에는 새벽 추위 가시지 않았는지
두세 봉우리에 아직도 흰 구름이 걸려 있구나.

一抹明霞黷淡紅, 瓦溝已見雪花融。
前山末放曉寒散, 猶鎖白雲三兩峯。

금릉을 나서며
出金陵

백석강[25] 머리에 초목이 깊어
춘풍이 불어와 옷깃을 헤치네.
뜬 구름이 성곽에 어우러져 가상한 기운을 남기고
날아가는 새는 사람을 따르며 좋은 노래를 부르네.

白石岡頭草木深, 春風相與散衣襟。
浮雲映郭留佳氣, 飛鳥隨人作好音。

---

25 백토강(白土岡). 건강(建康) 성 동쪽에 있다. 또 강녕현(江寧縣) 성 남쪽 15리에 석자강
(石子岡)이 있어, 일명 석자돈(石子墩)이라고 한다. 또 율수현(溧水縣) 북쪽 20리에 백
석산(白石山)이 있다. 이 셋 중 어디를 가리키는지 알 수 없다.

정인의 시에 화운하여 짓다
和淨因有作

아침해 붉은 조각 하나가 먼지 덮인 창에 떨어지자
참선하는 객이 홀연 이 날의 절기에 느끼네.
다시 깨닫겠네, 성 안은 향기로운 뜻 적어서
산야에서 일찌감치 봄 돌아옴 아는 것만 못함.
朝紅一片墮窓塵, 禪客脩然感此辰。
更覺城中芳意少, 不如山野早知春。

한자
韓子

어지러운 세상 일에 한 평생 탕진하기 쉬우니
온 세상 어떤 이가 도의 참다움을 알랴.
힘써 진부한 말 없애려 하나 속된 문장 뽐냈으니
가엽게도 도움되지 않고 정신만 허비했네.
紛紛易盡百年身, 擧世何人識道眞。
力去陳言誇末俗, 可憐無補費精神。

태재 백비
宰嚭

모사꾼이 본래 국가의 안위에 관계되니
천첩이 어찌 화의 씨앗 될 수 있겠어요?

군왕께선 다만 태재 백비만 죽이세요
궁중에 서시 있는 것은 걱정마시고.

謀臣本自係安危, 賤妾何能作禍基。
但願君王誅宰嚭, 不愁宮裡有西施。

곽해
郭解[26]

교제 명단에 이름 올려도 은혜를 자산으로 여기지 않았건만
한나라 법에 따라 기시(棄市)의 죄를 물었구나.
평소 오릉[27]에는 임협의 인사들 많았으니
칼날을 뽑아서 왕손을 위해 보답할 수 있었으리라.

籍交唯有不貲恩, 漢法歸成棄市論。
平日五陵多任俠, 可能推刃報王孫。

26　한나라 무제(武帝) 때의 협객. 읍내의 젊은이와 이웃 현(縣)의 현사나 호걸들이 밤마다
　　곽해 집으로 찾아왔는데, 그 수레가 10여 대나 되었다. 이는 곽해의 문객들을 자기
　　집에 데려가 공양하기 위해서였다. 곽해의 가객(家客)이 그를 비난하는 유생을 죽이는
　　일이 발생하자, 곽해는 누가 죽였는지도 몰랐으나 "평민 신분으로 도당을 지어 사소한
　　일로 사람을 죽게 하고 자신은 알지도 못했으니, 이 죄는 살인하는 줄 알았던 것보다
　　더 심하다."라는 주장에 따라 멸족을 당하였다. 『한서(漢書)』 「유협전(游俠傳) 곽해(郭
　　解)」에 나온다.
27　한(漢)나라의 다섯 능, 즉 고조의 장릉(長陵), 혜제(惠帝)의 안릉(安陵), 경제(景帝)의
　　양릉(陽陵), 무제(武帝)의 무릉(茂陵), 소제(昭帝)의 평릉(平陵)이다. 오릉 부근은 한나
　　라 때 호협한 소년들이 모여 노는 곳이어서 이들을 흔히 '오릉 자제'라고 하였다.

옛 절
古寺

쓸쓸한 절간에 주춧돌만 반나마 남았고
유람객은 벌써 몇 해 동안 신발 장식이 끊어질 정도였네.
그나마 제나라 양나라 옛 시절 전각이 남아 있지만
황금 상은 먼지로 뒤덮히고 비석은 빗줄기로 어둑하다.

寥寥蕭寺半遺基, 遊客經年斷履綦。
猶有齊梁舊時殿, 塵昏金像雨昏碑。

월나라 사람이 장막 안에 꽃을 기르기에 그 아래에 노닐다
越人以幕養花因遊其下[28]

장막이 하늘 가려 해가 비치지 않고 땅에는 먼지가 없는 곳
온갖 꽃들이 자색과 홍색으로 봄날을 점유했네.
들풀은 제 절로 꽃을 피웠다간 지니
꽃 질 때 도리어 꽃을 아쉬워하는 사람이 있구나.

幌天無日地無塵, 百紫千紅占得春。
野草自花還自落, 落時還有惜花人。

---

28 2수 가운데 제1수이다.

신주에서 수레를 돌려 관에 묵으면서 짓다
信州廻車館中作[29]

산 나무는 흔들리는데 익양[30]에 누워 있노라니
한 밤중에 태백의 술에 거나했던 일 생각나네.
서창 아래 탑상에 함께 누워[31] 파초에 비 듣는 소리[32] 들으니
흡사 당시 강물이 침상을 에둘렀던 것과 같구나.

山木漂搖臥弋陽, 因思太白夜淋浪。
西窓一榻芭蕉雨, 復似當時水繞[33]床。

천동산 시냇가에서
天童山溪上

개울에 잔물결 일고 나무는 짙푸른데
골짜기의 나무 뚫고 나가서 봄의 햇볕을 밟아보네.

---

29 2수 가운데 제2수이다.

30 지금의 강서성(江西省) 신주(信州)의 신강(信江)이 지나가는 지역인 익양현(弋陽縣). 관아 동북쪽에 산이 깊고 바위가 험한 곳이 있는데 그곳 석벽에 '벽락동천(碧落洞天)'이라는 넉자가 새겨져 있다고 한다.

31 "함께 누워"의 원문은 '일탑(一榻)'이다. 당나라 백거이(白居易)의 〈비가 내릴 때 장사업을 불러 함께 자다[雨中招張司業宿]〉에 "이곳에 와서 함께 묵을 수 있겠소? 빗소리를 들으며 나란히 침상에 누워 잡시다.[能來同宿否, 聽雨對淋眠.]"라 했고, 송나라 소식(蘇軾)의 시 〈동부에서 빗속에 자유와 작별하다[東府雨中別子由]〉에 "침상 마주 대하고서 정히 그리웁나니, 밤비만 속절없이 속살거리네.[對床定悠悠, 夜雨空蕭瑟.]"라고 했다.

32 "파초에 비 듣는 소리"의 원문은 '파초우(芭蕉雨)'이다. 백거이(白居易)의 시 〈야우(夜雨)〉에, "창 밖에 밤비 내린 것을 알겠어라, 파초 잎에서 먼저 소리가 나누나.[隔窓知夜雨, 芭蕉先有聲.]"라고 하였다.

33 "요(繞)"는 『왕형공시주』에 '遶'로 되어 있다. 통해 쓴다.

골짜기는 깊고 나무 우거져 사람 없는 곳에
오직 그윽한 꽃만이 물 건너로 향기 날리네.
溪水清漣樹老蒼, 行穿溪樹踏春陽。
溪深樹密無人處, 唯有幽花渡水香。

은현[34]의 서쪽 정자
鄞縣西亭

공적을 이룰 길 없고 귀거래할 밭이 없어
궁한 성에서 음식을 훔쳐 먹길 두 해나 하였네.
다시 세간의 아녀자들 하는 짓을 해
꽃과 대나무를 바람과 아지랑이 속에서 맘껏 기르네.
收功無路去無田, 竊食窮城度兩年。
更作世間兒女態, 亂栽花竹養風煙。

달을 읊는다
詠月[35]

달빛이 낙조를 따라 하늘에 생겨나

---

34 은현(鄞縣)은 송나라 때 명주(明州)에 속했다. 지금의 절강성(浙江省) 영파(寧波)를 말
     한다.
35 1074년(熙寧 7) 신법의 대부분이 폐기되고 왕안석이 핍박에 몰려 사직한 이후에 지은
     시로 알려져 있다.

뜬구름 점철하니 어두워졌다간 밝아지네.
강에는 교룡 있고 산에는 범과 표범 있어
맑은 빛이 있어도 감히 다니지 못하누나.

追隨落日盡還生, 點綴浮雲暗又明。
江有蛟龍山虎豹, 清光雖在不堪行。

묵묵히
默[36]

묵묵히 장년의 때를 생각하니
세간과 어울려 담소하며 억지로 쫓아다녔네.
창백한 수염이 돋으려 하고 붉은 얼굴 시들어가니
밭 구하고 집 묻는 것[37]이 늦었음을 새삼 깨닫네.

默默長年有所思, 世間談笑强追隨。
蒼髥欲出朱顔謝, 更覺求田問舍遲。

---

36 원문의 "묵(默)"이 『왕형공시주』에는 '묵묵(默默)'으로 되어 있다.

37 "밭 구하고 집 묻는 것"의 원문은 '구전문사(求田問舍)'이다. 삼국시대 위나라 진등(陳登)에게 허사(許汜)가 찾아왔을 때 진등이 그를 무시하고 대우를 하지 않자, 허사가 이에 불만을 품고는 "원룡은 호기가 아직 남아 있다."라고 유비(劉備)에게 하소연하니, 유비가 "당신은 국사(國士)의 명성을 지닌 사람인만큼 세상을 구할 생각을 해야 하는데, 밭이나 구하고 집이나 묻는 등 취할 말이 없었으므로 원룡이 꺼린 것이다.[君求田問舍, 言無可采, 是元龍所諱也.]"라고 대답한 고사에서 유래하였다. 『삼국지(三國志)』 권7 「위서(魏書)·진등전(陳登傳)」에 나온다. 여기서는 귀거래의 뜻이다.

우연히 쓰다
偶書

양후는 늙어서도 진나라 일 마음대로 하였건만
언제나 제후들의 유세객 오는 걸 두려워했네.
나 또한 노년에 골짜기 하나 차지하여
수레나 말 마주칠 때마다 놀라고 의심하네.

穰侯老擅關中事, 長恐諸侯客子來。
我亦暮年專一壑, 每逢車馬便驚猜。

양자
揚子[38]

천고의 웅장한 글로 신성과 본진의 경지로 나아가
아득하게 그윽한 상상이 절륜의 영역에 들어갔네.
다른 날 천록각[39]에서 투신하는 것을 면하지 못했거늘
공허하게 왕망의 신을 위해 극진론[40]을 저술하다니.

---

38 3수 가운데 제3수이다. 양자는 한나라 성제(成帝) 때의 학자인 양웅(揚雄)을 말한다.
    왕망(王莽)이 왕위를 찬탈하여 신(新)나라를 세운 뒤에 그 대부가 되었고, 시황(始皇)의
    진(秦)나라를 비판하고 왕망의 신(新)나라를 찬양하는 글인 〈극진미신(劇秦美新)〉을
    지었다.

39 천록각은 서한(西漢) 시대에 전적을 보관하던 장서각인데 여기서 유향(劉向)과 양웅(揚
    雄)이 전후로 교서(校書)를 했다. 왕망(王莽)이 제위를 찬탈하고 신(新)나라를 세웠을
    적에 양웅은 천록각(天祿閣)에서 근무하고 있었는데, 왕망이 자신을 죽이지나 않을까
    두려워하고 스스로 투신하여 부상당했다.

40 극진론은 양웅(揚雄)의 〈진나라를 배척하고 신나라를 아름답게 여기다[劇秦美新]〉라
    는 글을 말한다. 그 글에 "빠졌던 황제의 법도 이미 채웠고, 해이했던 황제의 기강

千古雄文造聖眞, 眇然幽思入無倫。
他年未免投天祿, 虛爲新都著劇秦。

춘일 즉사
春日卽事

못 북쪽에도 못 남쪽에도 봄물이 생기니
복사꽃 깊은 곳에 한가롭게 거닐기 좋구나.
바삐 지낸 꿈 속 일을 아득히 생각하니
유유한 죽음 뒤의 이름이 무어 필요하랴?
池北池南春水生, 桃花深處好閑行。
細思擾擾夢中事, 何用悠悠身後名?

산 앞
山前

산 앞은 시냇물이 불어나 좔좔 흐르고
산 뒤는 구름에 묻혀 산이 보이지 않누나.
비가 와도 물가에 가서 밭 갈지 않고
곧바로 구름 뚫고 가서 산 속에 눕네.
山前溪水漲潺潺, 山後雲埋不見山。

이미 펼쳐져, 환히 빛나고 빛나니, 어찌 아름답지 않겠나.[帝典闕者已補, 王綱弛者已張, 炳炳麟麟, 豈不懿哉!]"라고 했다.

不趁雨來耕水際, 卽穿雲去臥山間。

강에 내리는 비
江雨

어둑한 강 위에 내리는 비가 황혼을 적시고
하늘이 넓은 물가로 들어오니 조금도 분간할 수 없네.
북쪽 개울과 남쪽 개울이 통하려 하고
남산도 막 북산의 구름이 감싸고 있네.
冥冥江雨濕黃昏, 天入滄洲漫不分。
北澗欲通南澗水, 南山正繞北山雲。

홀로 누워서
獨臥

1.
호미와 곰방메 있으면 누군들 쥐지 않으랴만
뜰에 가득한 잡초도 사랑스럽구나.
봄의 경물을 찾아가려 해도 오솔길이 없어
홀로 남쪽 창가 평상에 누우니 밝은 해가 높았구나.
誰有鋤櫌不自操, 可憐園地滿蓬蒿。
欲尋春物無蹊徑, 獨臥南牀白日高。

2.

한낮 초가의 처마 그림자 천천히 옮겨오고
닫은 문 너머 푸른 이끼 위로 물 흐르네.
예쁘게 노래하는 꾀꼬리 찾아도 보이지 않고
해당화만 수없이 담장 위로 나왔구나.

茅簷午影轉悠悠, 門閉靑苔水亂流。
百囀黃鸝看不見, 海棠無數出牆頭。

맹자
孟子

빠진 넋 떠다니는 혼을 불러올 수 없어
남긴 책을 한번 보니 그 풍도를 알겠네.
세상사람들 우활하다는 비난이[41] 무슨 상관 있으랴
맹자만 나의 적막함을 달래 주는구나.

沉魄浮魂不可招, 遺編一讀想風標。
何妨擧世嫌迂闊, 故有斯人慰寂寥。

41　전국시대에 맹자(孟子)가 인의(仁義)를 역설하자 당시 제 선왕(齊宣王), 양 혜왕(梁惠
王) 등 제후들은 맹자를, '너무 동떨어져서 현실 사정과 거리가 멀다.[迂遠而闊於事情]'
고 여겼다. 『사기』 권74 「맹가열전(孟軻列傳)」에 나온다.

상앙
商鞅

예부터 백성 부림은 믿음과 성실에 달려 있었으니
말 한 마디 무겁기가 백금보다도 무거웠네.
지금 사람들 함부로 상앙을 비난하면 안 되니
상앙이 법령 내리면 반드시 실행되었네.[42]

自古驅民在信誠，一言爲重百金輕。
今人未可非商鞅，商鞅能令政必行。

장량
張良

한나라 세운 공업과 존망을 살펴보면
유후[43]가 언제나 태연하였네.
고릉에서 한신과 팽월을 봉하라고 처음 논의하였으며[44]

42　진(秦)나라 효공(孝公) 때에 상앙(商鞅)이 국도(國都)의 남문에 3장(丈)의 나무를 세워 두고 이것을 북문으로 옮기는 자에게 10금(金)을 주겠다고 하였으나 백성들이 이상히 여겨 옮기지 않았다. 이에 다시 나무를 옮기는 자에게 50금을 주겠다고 말하여, 어떤 사람이 그 나무를 옮기니 곧 50금을 주어 속이지 않는다는 것을 밝혔다. 그리고나서 백성들에게 영(令)을 내리면 행해졌다. 『사기』 권68 「상군열전」에 나온다.

43　장량을 가리킨다. 한나라 고조(高祖) 휘하의 수많은 영웅호걸들이 더 큰 욕망을 채우려다가 죽음을 당한 것과는 달리, 장량만은 작은 유 땅에 봉해지는 것으로 만족하고 벽곡(辟穀)을 하며 화를 피했다. 고조가 논공행상(論功行賞)을 하면서 장량에게 3만 호(戶)의 봉지(封地)를 스스로 선택해서 가지라고 하자, 장량이 고조를 처음으로 유 땅에서 만났던 것을 상기시키면서 "신의 소원은 유 땅에 봉해지는 것이니, 삼만 호는 감히 감당할 수 없습니다."라고 말해 유후(留侯)에 봉해졌다. 『사기』 권55 「유후세가」에 나온다.

옹치를 먼저 제후에 봉하라고 거듭 말하였네.[45]

漢業存亡俯仰中, 留侯當此每從容.

固陵始議韓彭地, 複道方圖雍齒封.

조참
曹參

머리 묶고 산하에서 수많은 전공을 세웠건만

늙어서 이룬 부귀 또한 부질없구나.

화려한 저택에서 장단 맞춰 새로운 가무 즐기지 않고

오히려 조촐한 노인으로 살려고 했네.

束髮河山百戰功, 白頭富貴亦成空.

華堂不著新歌舞, 卻要區區一老翁.

---

44 유방(劉邦)이 항우를 추격하여 고릉(固陵)까지 이르렀을 때 한신(韓信)·팽월(彭越)과 만나 초(楚)나라를 치기로 약속했으나 한신과 팽월이 오지 않았다. 이들에게 봉지(封地)를 주지 않았기 때문이라는 장량(張良)의 의견에 따라 땅을 나누어 주자 한신과 팽월 모두 군대를 이끌고 왔다. 『자치통감』 권11 「한기(漢紀)」에 나온다.

45 한왕(漢王) 유방이 항우(項羽)와 싸울 때에 옹치(雍齒)는 항우의 장수로서 여러 번 유방을 곤경에 빠지게 하였지만, 전쟁이 끝난 뒤에 장량의 건의에 따라 유방이 그를 후작에 봉하였다.

한신
韓信

빈천한 자 억누르고 부귀해지면 교만하니
공명을 다시 세우지 못하면 나무꾼이 되네.
장군은 북면하여 항복한 포로 섬겼으니[46]
이런 일 인간세상에 오랫 동안 볼 수 없었네.

貧賤侵凌富貴驕, 功名無復在芻蕘.
將軍北面師降虜, 此事人間久寂寥.

범증
范增

소땅 사람 범증은 나이 칠십에도 기이한 꾀가 많아
한나라 위해 백성 몰아낸 줄은 전혀 몰랐네.
군중에서 아보라는 칭호가 어찌 어울리랴
외황의 아이[47]에게 그 명칭 사양해야 했네.

---

46 한신이 조나라를 공격했을 때에 이좌거(李左車)는 성을 굳게 지키는 한편 한나라 군사
의 후방을 공격하여 보급로를 차단할 것을 건의하였으나 진여가 듣지 않자, 한신에게
귀순한 뒤에 연과 제를 공략할 방책을 제시하였는데 한신이 그 말을 따랐다. 『사기』
권92 「회음후열전(淮陰侯列傳)」에 나온다.

47 외황(外黃)의 아이는 나이가 어리면서도 지략과 용기가 있는 아이를 가리킨다. 초한(楚
漢) 때 항우(項羽)가 진류(陳留) 땅을 공격하였는데 외황이 항복하지 않자, 항우가 외황
을 항복시킨 다음에 그 지역 사람들을 모두 땅에 파묻어 죽이고자 하였다. 그때 외황
영(外黃令)의 사인(舍人)으로 있던 열세 살 먹은 아이가 항우에게 가서 유세하자, 항우
가 그 말이 옳다고 여기고는 파묻어 죽이려고 하였던 사람들을 모두 사면해 주었다.
그 뒤에 항우가 수양(睢陽)으로 진격하자 수양 사람들이 외황에서 일어난 일을 듣고는

鄿人七十漫多奇, 爲漢歐民了不知。
誰合軍中稱亞父, 直須推讓外黃兒。

가생
賈生

당시에 가의의 계책이 대체로 시행되었으니
황제가 가의를 신임하지 않았다고 그 누가 말하랴.
관직이 높아도 의론이 거의 채용되지 않은 공경이
옛부터 어찌 만 명만 되랴.

一時謀議略施行, 誰道君王薄賈生。
爵位自高言盡廢, 古來何啻萬公卿。

두 유생
兩生

두 유생의 재주와 기량이 무리를 넘어서니
흑과 백을 일부러 구분할 필요 있으랴.[48]

모두 항복하였다. 『사기』 권7 「항우본기」에 나온다.

48 한나라 고조(高祖)가 숙손통(叔孫通)을 시켜 국가의 예(禮)를 제정하게 하자 숙손통이
천하의 선비를 불러 모았는데, 숙손통의 비루한 행실을 못마땅하게 여긴 노(魯)나라의
두 유생[兩生]만은 부름에 응하지 않고 말하였다. "예악(禮樂)은 덕을 쌓은 지 백 년이
되어야 일어나는 것이다. 지금은 전쟁이 겨우 끝나서 죽은 사람의 장사도 다 지내지
못했고 다친 사람이 일어나지도 못했는데 무슨 예악이란 말인가." 『사기』 권99 「숙손통

즐거이 마부와 더불어 한 곳에 같이 사니
이제 다 함께 위장군을 섬기세.
兩生才器亦超群,　黑白何勞强自分。
好與騎奴同一處,　此時俱事衛將軍。

『촉지』를 읽고
讀蜀志

천년 분쟁이 모두가 하찮은 일들 때문이니
가련케도 자신과 세상에게 모두 헛된 짓이었네.
유현덕을 편드는 사람 없고
집 사고 밭 구하는 생각만 가장 높게 치네.
千載紛爭共一毛,　可憐身世兩徒勞。
無人語與劉玄德,　問舍求田意最高。

화보와 헤어져 남제로 가며
別和甫赴南徐

도성에 날 저물어 말 울음소리 처량한데
빗발에 바람 눌러서 버들가지 어둡구나.
하늘 끝 떠나가는 배를 어찌 바라볼 수 있으랴

열전」에 나온다.

다만 마음을 해문의 조수에 실어 부치네.

都城落日馬蕭蕭, 雨壓春風暗柳條。
天際歸艎那可望, 只將心寄海門潮。

베짜기를 재촉하다
促織

금빛 조롱 푸른 휘장[49]이 가을과 어울려
해마다 화려한 새장에 도취되어 제 분수를 모르네.
가난한 집에만 베짜기를 재촉하니
한가닥 신코 꾸밀 비단실조차 몇 집에나 있으랴.

金屛翠幬與秋宜, 得此年年醉不知。
秖向貧家促機杼, 幾家能有一絇絲。

납향
臘享[50]

명성은 참담하고 달은 이지러져 있는데
대지의 일만 구멍이 바람 머금어 제각기 슬프구나.
사람들은 사묘 문에서 흩어져 등불도 꺼졌는데

---

49 원문의 "金屛翠幬"은 싸움용 귀뚜라미를 기르는 조롱이니, 중당 이후 유행한 상류층의
  귀뚜라미 싸움을 풍자한 것이다.
50 납향(臘享)은 동지 뒤의 셋째 술일(戌日)인 납일(臘日)에 행하는 제향을 말한다.

남은 꿈을 찾으려 홀로 오랫동안 머무네.

明星慘澹月參差, 萬竅含風各自悲.

人散廟門燈火盡, 卻尋殘夢獨多時.

행화
杏花

수양버들 한 길에 자색 이끼가 잔뜩 끼고

사람 말소리가 촌락 정원에서 두런두런 들리네.

홀로 행화만이 마치 손님을 부르는 듯

담장에 기대 석양 아래 서너 가지 붉구나.

垂楊一逕紫苔封, 人語蕭蕭院落中.

獨有杏花如喚客, 倚牆斜日數枝紅.

꾀꼬리
黃鸝

들꽃이 바람에 죄다 날려간 후 대나무만이 어여뻐라

여전히 노란 꾀꼬리[51] 있어 너무도 사랑스럽더니,

---

51 "꾀꼬리"의 원문은 "황리(黃鸝)"이다. 『시경』「주남(周南)·갈담(葛覃)」의 '황조우비(黃
鳥于飛)'에 대해 육기(陸機)가 소(疏)에서 "황조는 '황리류(黃鸝留)'인데 어떤 이는 '황
율류'라고도 한다. 황율류(黃栗留)는 오디가 익을 때에 날아와서 뽕나무 사이를 엿본
다."라고 하였다.

아릿따운 자태로 무슨 일인지 모르겠네
이 사람을 등지고 북산 앞으로 날아가다니.
野花吹盡竹娟娟, 尙有黃鸝取可憐。
嫛姹不知緣底事, 背人飛過北山前。

금산
金山[52]

하늘의 해는 창망하고 바닷기운 깊은데
배 하나로 서쪽으로 떠나 여기에 올라 조망한다.
단청한 누대와 푸른 누각은 모두 시사에 따라 바뀌건만
다만 강산만이 예부터 지금까지 그대로구나.
天日蒼茫海氣深, 一船西去此登臨。
丹樓碧閣皆時事, 只有江山古到今。

종산에 노닐며
遊鐘山

양쪽 산 소나무 가죽나무가 붉은 등나무 덩굴로 뒤덮였는데
개울물에 들어서니 무릉보다 낫구나.
구름 너머 범패 소리가 들려오니 절이 있으련만

---

52 『왕형공시주』에 따르면 〈금산사(金山寺)〉 3수 가운데 제3수이다. 금산사는 강소성(江蘇省) 진강시(鎭江市) 서북쪽 금산에 있는 절로, 동진(東晉) 때 창건되었다.

석양에 돌아오도록 스님을 만나지 못했네.

兩山松櫟暗朱藤, 一水中間勝武陵。

午梵隔雲知有寺, 夕陽歸去不逢僧。

용천사[53] 바위샘
龍泉寺石井

산허리 바위는 천년 동안 젖어 있고
샘물[54]은 하루도 마를 날 없네.
천하의 창생들은 단비를 기다리는데
과연 이 속에 용이 꿈틀거리고 있으려나.

山腰石有千年潤, 海眼泉無一日乾。

天下蒼生待霖雨, 不知龍向此中蟠。

항주 망호루에서 돌아오면서 말 위에서 지어서 옥여와 낙도에게 드리다
杭州望湖樓回馬上作呈玉汝樂道[55]

금명문[56] 치도에는 버드나무가 하늘까지 치솟았는데

---

53 절강성 여요현(餘姚縣) 서쪽의 영서산(靈緒山)에 있던 절이다.

54 샘물이 지하로 흘러서 바다와 통할 것이라고 생각하여 해안(海眼)이라고 표현하였다.

55 원 제목이 다르다. 『왕형공시주』에 따르면 「중구일에 경림원에서 연회를 내려주시기에 짓다[九日賜宴瓊林苑作]」이다.

56 당나라 때 궁문 이름. 안에 한림원(翰林院)이 있었다.

늙어 사직했다 다시 와서 관현의 음악을 듣네.
태관[57] 음식을 배불리 먹으며 해 가는 것 아쉽다만
석양 아래 강물에 임하니 마음이 망연하구나.
金明馳道柳參天, 投老重來聽管絃。
飽食太官還惜日, 夕陽臨水意茫然。

임자년에 우연히 짓다
壬子偶題

황진 속에서 늙어가니 고달프고도 세월이 빨라
연못 둘레에 홍련을 심어보았네.
지는 해에 기대어 자면서 무엇을 생각하나
강호의 가을 꿈에 노 젓는 소리일세.
黃塵投老倦忽忽, 故遶盆池種水紅。
落日欹眠何所憶, 江湖秋夢艣聲中。

---

57 태관(太官)은 궁중의 요리를 담당하는 벼슬아치. 한나라 때 황제의 끼니와 연회의 음식
   에 관한 일을 맡아보던 벼슬이다.

화보[58]가 용안[59]에 이르렀다가 저녁에 돌아가는 것을 전송하며
送和甫至龍安暮歸

서남쪽 은은하게 달이 한 갈고리 모양이고
춘풍 불어오는 속에 낙조는 가을마냥 담박하네.
방문은 반쯤 닫혀 있어 사람 말소리 들리지 않아
고각 소리 속에 비로소 수심이 생겨나려 하누나.

隱隱西南月一鉤, 春風落日澹如秋。
房櫳半掩無人語, 鼓角聲中始欲愁。

종산에서 보이는 대로 짓다
鐘山即事

개울물 소리 없이 대숲 감돌아 흐르고
대숲 서편 화초들은 나긋한 봄을 즐기네.
초가 처마 아래에서 산 마주하고 종일 앉았노라니
새 한 마리 울지 않아 산 더욱 그윽하구나.

澗水無聲繞竹流, 竹西花草弄春柔。
茅簷相對坐終日, 一鳥不鳴山更幽。

---

58 화보(和甫)는 왕안례(王安禮, 1034~1095)의 자이다. 왕안석의 동모제(同母弟).
59 용안(龍安)은 현재의 하남성(河南省) 안양시(安陽市) 용안구(龍安區)이다.

경성
京城

삼년 동안 옷 위에 도성의 먼지가 쌓여
지난 일 추억하다가 고인에 부끄러워 서글퍼라.
명월 뜬 창파는 가을 들어 일만 이랑
꿈 속의 이 몸뚱이를 편주에 영원히 맡기련다.
三年衣上禁城塵, 撫事怊然愧古人。
明月滄波秋萬頃, 扁舟長寄夢中身。

늦봄
暮春

북산에서 비를 불어보내 남은 봄을 전송하고
남쪽 시내는 아침에 와서 보니 푸르게 사람을 비추네.
어제의 살구꽃 전혀 보이지 않으니
응당 물 따라 흘러 장강 가에 이르렀으리.
北山吹雨送殘春, 南澗朝來綠映人。
昨日杏花渾不見, 故應隨水到江濱。

비가 개이다
雨晴

맑게 개인 날 산새가 온갖 소리로 재촉하며
반쯤 핀 복사꽃을 기다리지 못하네.

비 온 뒤의 녹음은 집을 에워싸고
봄빛을 온통 이끼 위로 실어가네.
晴明山鳥百般催, 不待桃花一半開。
雨後綠陰空繞舍, 揚將春色付莓苔。

해가 서쪽으로 기우네
日西

해가 서쪽으로 기울자 계단의 오동 그림자도 돌고
청산 앞에 주렴 걷자 대자리는 반나마 비었네.
황금거위 향로에 불이 꺼져 가라앉은 물이 차가우니
남은 꿈은 새 소리 속에 유유하구나.
日西階影轉梧桐, 簾卷靑山簟半空。
金鴨火銷沈水冷, 悠悠殘夢鳥聲中。

상서로운 구름
祥雲

얼음에 봄바람 들어가자 궁중 도랑이 불어나고
상림원의 꽃기운은 부풀어 날아오를 기세일세.
미앙궁[60] 지붕기와는 잔설이 있다만

---

60 미앙궁(未央宮)은 한나라 때 황제가 거처하던 궁전이다. 그 안에 금화전(金華殿)이 있
　　어, 성제(成帝)가 여기서 『상서』와 『논어』 등을 강론하여 후세에 경연이나 서연을 뜻하

되려 상서로운 구름에 해가 비쳐 흐르누나.

冰入春風漲御溝, 上林花氣欲飛浮。
未央屋瓦猶殘雪, 卻爲祥雲映日流。

중서성 벽에 쓰다
題中書壁

밤중에 대궐 문 열고 한림학사에게 조서를 내려
용안 마주하고 붓을 들어 황제의 경륜을 적게 하셨네.
국가에는 반드시 유술 중히해야 함을 믿고
한번에 동방 급제자 세 사람을 기용하셨네.

夜開金鑰詔辭臣, 對禦抽毫草帝綸。
須信朝家重儒術, 一時同榜用三人。

왕궁의 봄추위
禁中春寒

푸른 연기 자욱하고 부슬부슬 비 내리는데
물가 한림원 서쪽 행랑 북원문에 있네
벌써 홑옷 입었는데 다시 한식의 금화일이라
해당화 아래에서 황혼에 떠는구나.

는 말로 되었다. 『한서(漢書)』「서전(敍傳)」에 나온다.

青煙漠漠雨紛紛, 水殿西廊北苑門。
已著單衣猶禁火, 海棠花下怯黃昏。

안태사[61]에게 드리다
贈安太師

독용강 북쪽의 세 번째 봉우리
포객[62]이 귀거래한 후 늙어갈수록 용렬하네.
망가진 집 서너 기둥에는 푸른 기운이 칭칭 감기고
차가운 구름 깊은 곳에서는 종소리도 들리지 않누나.

獨龍岡北第三峯, 逋客歸來老更慵。
敗屋數椽靑繚繞, 冷雲深處不聞鐘。

홍리
紅梨

붉은 이화는 꽃 몸뚱이 보호할 잎이 없고
노란 국화는 향기를 나누어주어 먼지 길에 버려지네.

---

61 안태사(安太師)는 법안대사(法安大師)를 가리키는 듯하다. 황정견(黃庭堅)이 〈법안대
   사탑명(法安大師塔銘)〉을 찬술했다. 법안대사의 속성은 허씨(許氏)이다.

62 은사(隱士)로 있다가 도망했던 사람. 남제(南齊) 때의 은사 주옹(周顒)이 북산(北山)에
   은거하다가 뒤에 벼슬길에 나가자, 친구 공치규(孔稚圭)가 그 변절(變節)을 풍자하여
   〈북산이문(北山移文)〉을 지어, "청컨대 속사의 수레를 돌리어라, 신령을 위하여 포객을
   사절하노라.[請廻俗士駕, 爲君謝逋客。]"라고 했다.

한 해 저물어도 창백한 관리인 소나무[63]는 스스로 보존하나니
해는 높거늘 청녀[64]가 여진히 종횡하누나.
紅梨無葉庇花身, 黃菊分香委路塵。
歲晚蒼官纔自保, 日高靑女尙橫陳。

솔개
鴟

가을 바람 타고 나는 호쾌한 기상이
쑥더미 속에 숨은 참새를 속이는 듯하네.
푸른 하늘 저 멀리서 나래칠 줄 모르고
썩은 쥐 쫓는 기세 등등하구나.
依倚秋風氣象豪, 似欺黃雀在蓬蒿。
不知羽翼靑冥上, 腐鼠相隨勢亦高。

---

63 "창백한 관리인 소나무"의 원문은 '창관(蒼官)'으로, 송백(松柏)의 별칭이다. 진 시황(秦始皇)이 태산(泰山)에 봉선(封禪)을 하고 내려오던 길에 폭풍우를 만나자 소나무 아래에서 비를 피하고는 그 다섯 그루의 소나무에게 관작을 내려 오대부송(五大夫松)이라고 했다. 『사기(史記)』 권6 「진시황본기(秦始皇本紀)」에 나온다.

64 천신(天神)인 청천옥녀(靑天玉女)로 서리와 눈을 관장한다고 한다. 『회남자(淮南子)』 「천문훈(天文訓)」에 "가을 3개월에……청녀가 이윽고 나와, 서리와 눈을 내려주네.[至秋三月……靑女乃出, 以降霜雪.]"라고 하였다.

천금매

중국 중앙민족대학을 졸업하고, 연세대학교 국문과에서 「18~19세기 조·청문인 교류척독 연구」로 문학박사학위를 받았으며, 한국고전번역원 연구과정을 수료하고, 현재 중국 남통대학교 중문과 부교수로 재직 중이다. 주요 연구논문으로 「허균과 중국 강남 문인들의 교류」, 「중조학사서한(中朝學士書翰)을 통해본 김재행과 항주 문사들의 교유」, 「대원군 이하응과 청조 문사들의 교류 -천안척방(天雁尺芳)을 중심으로-」 등 다수가 있고, 역서로 『초사고론(楚辭考論)』이 있다.

노요한

1980년 순천에서 태어나 고려대학교 한문학과를 졸업하고 같은 대학 국어국문학과에서 문학박사 학위를 취득했다. 현재 고려대학교 한자한문연구소 연구교수로 재직 중이다. 저서로 『통정 강회백과 그 후손들의 생애와 학문』(공저), 『日中韓文人交流と相互理解－明治大正期の詩詞を通して』(공저), 역서로 『The Oxford Handbook of Classical Chinese Literature』(공역), 주요 논문으로 「안평대군의 『匪懈堂選半山精華』 편찬과 주해 방법」(2021), 「『용비어천가』의 전거와 주해의 문헌학적 연구」(2021) 등이 있다.

허균전집 6

송 왕형공 이체시초(宋王荊公二體詩鈔)

2022년 12월 30일 초판 1쇄 펴냄

옮긴이 천금매·노요한
발행인 허세광
발행처 양천허씨강릉종중

책임편집 이경민
표지디자인 김규범

등록 1990년 12월 13일 제6-0429호
주소 경기도 파주시 회동길 337-15 보고사
전화 031-955-9797(대표), 02-922-5120~1(편집), 02-922-2246(영업)
팩스 02-922-6990
메일 kanapub3@naver.com / bogosabooks@naver.com
http://www.bogosabooks.co.kr

ISBN 979-11-6587-403-2 94910
      979-11-6587-374-5 (세트)
ⓒ 천금매·노요한, 2022

정가 25,000원